宗教と非暴力平和構築

北島義信

あけび書房

宗教と非暴力平和構築　目次

第一章　東アジアから見た日本の課題

一　東アジアにおける平和構築への道

はじめに

東アジア地域では、近年、軍事的・政治的対立が深刻化している。現在、大きな問題になっている、「安全保障三文書」閣議決定（二〇二二年一二月）による「軍事費二倍」「敵基地攻撃」の背後には、「同盟国に最大限の貢献を求める米国の対中戦略」（二〇二三年六月一九日付「赤旗」）が存在しているといえる。

戦争に対して戦争で応えていては、双方に止まることなき「憎しみ・憎悪」の連鎖を生み出すだけである。しかし、武力によらない平和実現の道も存在する。南アフリカでは、人種の差異を超えた、キリスト教徒、社会主義者、労働組合、市民が構成する統一民主戦線（一九八三年結成、議長は南アフリカ教会協議会副議長アラン・ブーサック師）の発展によって、一九九四年、非暴力によるアパルトヘイト撤廃が実現した。非暴力平和運動は、南アフリカに限定されるものではない。韓国の事例を通して、二一世紀の東アジアにおいて戦争の危機を平和構築へと変容させる可能性を示したい。

韓国における「キャンドル革命」が問いかけるもの

韓国では、二〇一七年三月一〇日、朴槿恵《パククネ》大統領は非暴力「キャンドル」革命の力によって罷免された。二〇一六年一〇月二九日から二〇一七年四月二九日までの六か月間、第二三回までの計一八三日の「キャンドル革命」に参加した人々の総数は、一、六八五万二、〇〇〇人。逮捕者、死者数はゼロ。二〇一六年一二月三日第六回の集会参加者は全国で二三二万一、〇〇〇人（ソウルの光化門集会に一七〇万人）であり、一日の集会参加者数としては世界最大規模である。

大統領を罷免に追い込んだ非暴力平和革命がなぜ韓国で生まれたのであろうか。朴労解《パクノヘ》氏は写真集『キャンドル革命』（コモンズ、二〇二〇年）の「序」で革命が起きる三つの条件を述べている。それは「第一に、極端な不平等と希望の枯渇。第二に、支配権力の腐敗、無能と分裂の程度。第三に、抵抗主体の意識の高まりと組織性」である。二〇一六年に至る十数年間の韓国社会に広がったのは、『『急速に深刻化した不平等の両極化』『現代化された貧困』、人間疎外という『生の苦痛』であり、とりわけ「李明博《イミョンバク》と朴槿恵政権の九年の歳月は私たちが生きる世の中はどこまで悪くなれるのか、人はどこまで悪くなれるのかを問い返す日々だった」のだ。「革命」が起きる客観的条件があっても、社会・政治の構造的理解が浸透していないと、「あきらめ」が生まれるか、あるいは性急なポピュリズムが、政治的右翼化をもたらすこともありうる。重要なのは「抵抗主体の意識の高まりと組織性」である。韓国においてそれを可能ならしめたものは、民衆に根差した宗教性の開花であろう。それは朴労解氏の次の言葉にも感じとることができる。「キャンドルはきわめて個人的であり内面的な平静の灯である。キャンドルは祝祭と祭儀の灯であり、祈願の灯である。……地球人類時代の革命は『内と外の同時革命』である。個人的なものが政治的であり、霊的なものが革命的であり、私の生の変化が世の中をかえていく」。キャンドル革命において「霊的なものが革命的」であることを示しているのは、民衆と結合したキリスト教、仏教、圓仏教の教団に所属する多くの宗教者の参加が見られたことである。

霊性と人間の主体化

「霊的なもの」とは、「このままでいいのか？」と私に態度決定を迫る、自己を超えた「外部性」の、「はたらき」である。われわれは、運動の中で自己を絶対化するエゴイズムから解放されて、率直に仲間との精神的な結びつき、連帯に喜びを感じることがある。それを可能ならしめる力を宗教では、「霊性のはたらき」と呼ぶ。

鈴木大拙師（一八七九―一九六六年）は、『日本の霊性化』（法藏館、一九四七年）において、世界平和を実現するためには、核戦争による人間絶滅の「心理的恐怖」と「（相互の）経済的利益を契機にした」世界平和の理念を進めて行くことのみでは、不十分であることを指摘する。それを克服するためには、「内心からの自主性をもった精神的推進力」が必要である。その推進力は、霊性であると大拙師は主張する。師によれば、霊性とは、個体に存在の意味を与えるものであるが、個体とは同一ではなく、超越的存在であり、科学・学問では捉えられない「はたらき」に与えられた、名称である。

霊性を知るためには、師によれば、霊性と自己が一体化することが必要であり、これは自己客体化ができる新たな自己の誕生を意味する。それは、一般的な言葉で言えば、「自分から自分の身を引き離し、まるで他者の目を通してであるかのように自分をいわば外側からみることができるようになった人間」（ツベタン・トドロフ）の誕生を意味する。このようなエゴイズムを乗り超えた人間は、他者との相互関係性の中に自己を位置づけることができる。このような人間こそが、平和建設の主体者になれると大拙師は考えた。

だからこそ、彼は一九四四年に「出陣前」の大谷大学の学生に次のような言葉を述べることができた。「諸君は戦場にいっても、決して敵を殺してはなりません。あなたたちも、決して死んではなりません。たとえ捕虜になってもいいから、元気で帰ってください」。これに対して、その場にいた陸軍省の配属将校は演壇に駆け登って、大拙師をなじったといわれている（信楽峻麿『親鸞はどこにいるのか』、法蔵館、二〇一五年）。権力に怯えぬこの発言は、霊性化された主体的人間の行動を示す具体例である。このような人間が多数者となった結果生まれたのが「キャンドル」革命であろう。

韓国における民衆の現実変革運動の底流には、崔済愚《チエジエウ》（一八二四―一八六三年）の「東学思想」が存在する。この宗教思想は「侍天主《シチヨンジユ》」に要約される。その意味は以下のようになる。人間は、外部性としての超越者「ハヌルニム（天、神様）」の呼び声、霊性の「はたらき」としての「至気《チギ》（絶対的生命力）」のもつ「真実化」のはたらきを受け止めると、自己の内部に神が存在しているという「めざめ」が生まれる。その「めざめ」をえると、そこから退転しなくなり、自己中心主義からの解放を可能ならしめてくれた神を称え、神に仕え、神との共同行動が可能となる。これによって、「この私」は主体的人間へと変容し、他者にも自分同様に等しく神が内在することをさとり、他者と連帯する道筋が開ける。他者に危害を加えることは、神に危害を加えることであるがゆえに、許されない。また、敵対者にも神の内在を認めるがゆえに、和解の道も可能となる。

運動における非暴力の根拠はここにある。封建制と日本の軍事侵略に抗する東学革命運動（一八九四年）には、数百万の人々が参加したといわれている。この宗教思想を受け止めた韓国のキリスト教も仏教も、宗教の主体的把握と連帯、民衆化と非暴力の道筋を獲得した。

一九一九年の「3・1独立運動」にみられる、東学を継承した天道教、キリスト教、仏教の連帯の根拠はここにある。この諸宗教の連帯が民衆の主体化を生み出し、非暴力独立運動を牽引したのである。このように歴史的に形成された、霊性的主体的人間像が特定宗教の枠を超えて、市民生活、労働運動、革新政党の中で受け継がれ定着している。

結びにかえて

二〇二〇年一月、四日市市の真宗高田派正泉寺で「アジア宗教平和学会」準備研究大会が開催され、韓国から十数名の宗教者・研究者が参加された。研究発表や懇親会の中で、北朝鮮を敵視するのではなく、韓国との文化的・宗教的共通項を探ろうとする姿勢や、「統一《トンイル》」を両者の相互交流・相互理解を意味する「通一《トンイル》」と捉える韓国の宗教者の姿勢に、私は深く感動し連帯を実感した。

戦時中に命を奪われた朝鮮半島・中国の「強制労働犠牲者」の追悼法要（二〇二二年一〇月）が仏教諸派、キリスト教の共同によって北海道で行われるなど、日韓・東アジアの相互交流を基軸とした平和実現の取り組みも進んでいる。霊性を媒介とした人間の主体化の取り組みを学び、日韓民衆が相互理解を深めることは、東アジアにおいて戦争を平和へと転換させる大きな現実的可能性を秘めているといえる。

二　韓国から学ぶ日本近代のすがた

はじめに

二〇一二年一一月二八日、私は生まれて初めて、韓国の金浦《キンポ》空港に降り立った。韓国訪問の目的は、同月二九日に全羅北道益山市《チェルラポクドイクサン》の圓光大学校《ウォングワンテハッキョ》で開催される韓日国際学術大会で基調講演を行うためであった。この国際学術大会は、圓光大学校の朴光洙《パクグワンス》教授を中心とする韓国の研究者たちとの共同研究（「朝鮮朝後期韓国の実学思想と民族宗教運動の公共性研究：日本明治維新前後思潮と新宗教運動の公共性比較研究」）が、韓国学中央研究院の二〇一二年度「グローバル時代韓国的価値と文明研究」課題に選定されたことによって、可能となったものである。

一九六〇年代に学生生活を送った多くの日本の若者には、社会主義思想は燦然と輝いていた。その対極にあるアメリカ帝国主義やその支配下にある途上国の独裁政権は、強烈な批判の対象となっていた。しかしながら、かつての「反共独裁体制」の台湾、韓国も、一九八〇年代後半には粘り強い民衆の力によって民主化された。私は現代アフリカ文学研究に没頭していたので、直接的に東アジアと深くかかわることはなかった。しかし、たまたま欧州黒人研究学会が一九九九年春にドイツのミュンスター大学で開催されたとき、台湾の研究者と懇意になったことが東アジアとのかかわりの縁となった。

のちに、二〇〇七年一月三〇日―三一日、台湾の国立中央研究院欧米研究所、国立高雄師範大学大学院（英文学）の招待を受けて、「日本における黒人研究《ブラックスタディーズ》」という演題の講演を行うことになり、それがきっかけとなって、さらに幾人かの研究者とも親しくなった。それ以後、何度も台湾を訪れるたびに、「日本の近代とは何か」を考えるようになり、台湾は日本の近代の歪みを映し出す鏡であることに気づき始めた。そんな現実の中で、東アジアの文化を台湾・韓国・日本の研究者が共同で話し合えば、東アジア共同体構築に向けての新たな成果が得られるのではないかと思い、台湾の友人に意見を求めてみた。その答は次のようなものであった。「それは、大切なことだと思いますが、日本と韓国の相互理解には、少し時間がかかるように思います」。

当時、ネックになっているのは、浅はかにも、韓国における「民族主義」のことだろうかと思った。だがそうではなく、むしろ日本における「近代観」の問題であることが、今回の韓日国際学術大会と韓国での滞在を通じてわかった。私がかかわった韓国の研究者は、台湾の研究者と同様に、他者理解を妨げる偏狭な「民族主義」の問題を完全に克服していた。彼らは、「資本主義」対「社会主義」という対立構造で物事を捉えるのではなく、異質なるもの同士の相互理解のあり方を「公共性」哲学の基軸の一つに位置づけていることが強く感じられた。台湾においても、韓国においても、体制の異なる「社会主義国家」と地理的に至近距離で人々は向き合っている。しかし、現実には台湾、韓国の研究者は共に未来への展望を持ち、明るく、おおらかで、温厚である。これぞ、長い歴史の中で育まれてきた東アジアの学者の風格である。この基礎には、困難な現実の中で、自らの力によって民主化を勝ち取ったという体験、非人間的現実は変革できるという確信があるのであろう。

初めて訪問した韓国での国際学術大会で強く感じたことであるが、そのような現実変革の共同体験に裏打ちされた研究発表は、いずれも知的な営みとしての重みがある。これは、近年の日本における、主体性、社会的責任を放棄した多くの研究発表とは雲泥の差である。

私に課せられた基調講演のテーマは、「日本近代新宗教の思潮と公共性」であった。浄土真宗の僧侶である私には、「宗派中心意識」が強くしみついていて、新宗教は積極的な研究対象とはなりにくかったが、これも仏縁と思い、このテーマにチャレンジすることにした。

幕末維新期における日本の新宗教（民衆宗教）の特徴

幕末維新期の社会政治的転換期において、長きにわたって国教的位置にあった伝統的仏教教団は、全般的に見れば、民衆の世直し願望には応えることができなかった。その最大の理由は、次の点にある。仏教は幕藩体制をイデオロギー的に支える役割を与えられ、僧侶は「国家公務員」化し、仏教寺院は寺領を与えられたり、寺受け制度、葬儀・法要執行によって、生活を保障されていた。これによって、仏教勢力には、世俗権力に絶対的価値を認めず、民衆の世直し願望を受け止めて、共に闘うという姿勢は後方に退いていたことである。

もちろん、「近世」仏教が、幕藩体制中期における「家」の形成・成立とともに、「家」を設立した先祖の崇拝と結合して、人々の間に浸透し、そのことによって家庭・社会の安定化がもたらされたという肯定的側面があったことは事実である。しかし、危機の時代に対応するという、本来宗教に存在すべき思想力が鈍化したことは認められねばならない。「近世」国家体制の中で、仏教勢力が欠落・鈍化させた、反体制的な社会・政治的批判を内包する視点を受け止めたのが、幕末維新期に生まれた新宗教としての天理教や金光教であった。

幕末維新期の新宗教（民衆宗教）は、欧米「近代」の思想に基づくことなく、庶民の生活に結びついた土着の宗教に依拠しつつ、それを「近代的」世界に合致しうるものへと発展させる方向性を持っていた。それは世俗権力の相対化、人間中心と平等、人間の主体化と共生であり、これらは民衆の側からの公共的価値観形成に関わるものである。日本の新宗教（民衆宗教）の最大の貢献は、民衆の生活と結びついた土着の神祇思想を磨き上げ、人間平等を掲げて、植民地主義的国家神道と正面から向き合い、国家神道の人間破壊・排外的民族主義を批判したことである。新宗教の諸概念は、国家神道との対決の中で明確化した。国家神道は、比喩的に言えば、自己の内部に自己を掘り崩す神道的宗教を抱え込んだのである。

幕末維新期の新宗教は、「祖神《おやがみ》」（天理教）、「天地金乃神《てんちきんのかみ》」（金光教）にみられるように、共通に強力な一神教的最高神による救済を掲げていた。それは以下の理由による。近代への歴史的転換期において、旧体制を乗り超えたいという庶民の世直し願望を反映した新宗教は、生活および精神的解放を内包しており、対決・克服すべき観点が明確であり、それらをまとめあげる統一性・原理性を必要としたからである。他方、政治権力を掌握する側も、民衆支配のために「国家神道」という「一元的・一神教的」性格を身につけていくのである。両者は共に、仏教に基づくことなく「神道的なるもの」を重要な構成要素に持っている。その理由は、民衆にとって仏教は要望に応える力を失っていたからであり、権力の側は封建国家・「近世」国家の象徴的存在としての仏教を拒否したかったからである。

新宗教（民衆宗教）と国家神道の違いは、前者の場合、下からの民衆救済であるのに対して、後者は支配する側からの「救済」であり、植民地主義侵略への協力による、「おこぼれ」としての救済である。第二点目には、民衆宗教には徹底した現世中心主義がみられることである。その理由は、「近世」から「近代」への歴史の転換期には、「世直し」一揆が多発しており、現実逃避ではなく、素朴な「みろく」の世、「民衆が豊かに暮らせる現実世界」の出現が求められていたからである。

第三点目の特徴として人間本位の現実主義が、天理教にも金光教にも共通にみられる。金光教には、神の氏子としての徹底した人間の平等観、女性蔑視批判、一切の祟りの否定が、また天理教では、夫婦を中心とする家族観、「世界一列《いちれつ》」という言葉で表現される人間の平等観が強くみられる。第四点目には、唯一神の絶対視と世俗政治権力の相対化の視点がみられることである。金光教では政治権力には、絶対性はなく「世はかわりもの（国家権力体制は変転するものである）」と捉えられている。また天理教では、教祖は神と天皇の妥協の道を厳しく批判し、「律（国家意思）が怖いか、神が怖いか」、どちらが第一義的かをよく考え、神の第一義性を守らねばならぬことを述べている。

第五点目には、天理教の『おふでさき』第四号一六（「権力を握っている者たちが、無批判に『とうじん』＝西洋中心主義に従う、その思想性がおかしい」）にみられるように、明治政府の西洋近代主義批判が存在していることである。とりわけ、これらの政治批判は、天理教から『天理本道（のちに「ほんみち」と改称）や新宗教としての大本教に先鋭な形で受け継がれて、最後まで反天皇制国家の立場が貫き通された。

日本の幕末維新期の新宗教は、広範に広がった民衆の「世直し」願望の宗教的表現であり、そこには「私」を超えて「公共世界」を志向する方向性が存在していた。この時代に生まれた新宗教の苦難に満ちた活動は、人間平等、人類性、普遍性、世俗権力の相対化の視点、他者共生のありかたなど、今日においても公共性を考える豊かな問題提起をみることができる。これらの活動をおこなうことができたのは、天理教に典型的にみられるように、教祖が民衆の側に身を置き、国家権力の一八回に及ぶ弾圧を受ける中で、屈することなく私的世界から公共的世界へと前進していったからに他ならない。

新宗教（民衆宗教）は、このような価値観に関わる領域では重要な役割を果たしたが、社会政治変革という点では、反体制的な政治性を持つ具体的行動を展開することはできなかった。この点を実践したのは、浄土真宗の門徒（信者）集団と僧侶であった。浄土真宗が民衆に根付いていた全国一〇か所の地域では、明治初期（一八七二年―七三年）に、欧米中心主義的国家編成反対、信教の自由、税金軽減を目指し、門徒・僧侶を中心とする反政府一揆が起きており、福井県、新潟県では、それぞれ三万人が参加している。しかしながら、新宗教の活動と浄土真宗門徒・僧侶の一揆は結合することはなく、日本がアジアの植民地支配に向かう中で、これらの宗教的反政府運動は消滅していく。

このような新宗教運動や宗教一揆は、日本のみに限られるものではなかった。一九世紀中期の東アジアに位置する韓国も、共通に歴史の転換期を体験する。

韓国における東学・天道教運動

一九世紀中期には、「朝鮮王朝は、対外的にも対内的にも、ますます崩壊の道をたどっていた。

東アジアの国際秩序に対する大きな支えであるとみられた清国も、阿片戦争と南京条約、太平天国革命、天津条約、北京条約などと列強の侵食を受けていた。また日本も、一八五四年の日米和親条約締結以来、旧体制を維持しえない状態に移りつつあった。こうした西欧勢力も、朝鮮の周辺に、前よりは一層激しく押し寄せてきた」（池明観《チミョングワン》『韓国文化史』明石書店、三三一―三三二頁、二〇一一年）

国内的には、地震、旱魃、洪水に加えて、政治規律は乱れ、支配層の横暴や農民搾取に対して、民衆は各地で反乱を起こす結果を招いた。このような現実の中で、既成宗教は民衆の側に立って、自己の役割を果たすことができず、民衆の間には終末論的メシア信仰が現れていた。「当時の韓国の宗教は、古来からの巫教《ムギョ》（シャーマニズム的宗教―北島註）をはじめ、仏教・儒教・道教、そして天主教（西学）などが共存していたが、これらの宗教が宗教としての役割と使命を十分に発揮できない状況であった。宗教の生命ともいわれる信仰と修行が極めて偏狭で部分宗教、部分修行に片寄っており、宗教の社会的な役割という本来の使命を尽くすことができない状況であった」（金洪喆《キムホンチョル》「韓国における社会変動と東学・天道教運動」、『宗教から東アジアの近代を問う』ぺりかん社、一〇二頁、二〇〇二年）

変動期の社会において、既存の宗教が本来の役割を果たせず、民衆にはメシア信仰の願望が強かったという状況は、日本の幕末維新期との共通性がみられる。東学・天道教の創始者・水《ス》雲崔済愚《ウンチェジェウ》（一八二四―六四年）は、一八六〇年頃に活動を開始し、民衆の願いに応える宗教を提示した。彼の活動は後に東学農民革命の思想基盤となり、また3・1独立運動にも大きな影響を与えた。彼は今後人類が体験する画期的な大変化を「後天開闢《フチョンケビョク》」と呼び、人類はこの後五万年、仙境で暮らすことになると強調した。彼は組織化をはかるため、各地に教団支部としての「接所」（二つの「接」の規模は三五―七五戸と言われている）を置いて、儒学の知識を有する零落した両班《ヤンバン》（官僚になることのできる最上級階級、世襲的支配階層）を選んで「接主」とした。しかし、その三年後、教祖・崔済愚は捕らえられ、翌年、処刑されたが、弟子の海月《ヘウォル》崔時《チェシ》亨《ヒョン》が運動を引き継いだ。

東学の思想で注目すべきは、「侍天主《シチョンジュ》」概念であり、この概念は東学を引き継いだ「天道教」において、人間中心の平等思想としての「人乃天《インネチョン》」という概念へと展開をとげた。この意味は次のようなものである。「人はハンウル（天）であるという意味である。人は誰でも自分がまつるハンウルニムになることができるという意味である」（『宗教から東アジアの近代を問う』、一〇四頁）。「家の中のすべての人々を天のように敬い嫁を愛せよ」「一切の人を天と認めよ。客が来れば天が来られたと言い、子どもを殴るな、これは天をたたくことである」「他人を非難するな。これは天を非難することである。何も欲ばるな。ただ勤勉であれ」（『韓国文化史』、三三六頁）。という東学の実践倫理は、「人乃天」の内容を示すものであり、人間中心主義的なものである。池明観氏は次のように述べている。

具体的に子どもを天と思い、隣人もまた天と敬うならば人間の間には階級支配や収奪を否定した、敬愛の念のみで交わる新しい平等な関係が生まれるに違いない。それは儒教的封建倫理の否定であり、それによって支配される社会の否定である。（『韓国文化史』、三三六頁）

ここからも明らかなように、「人乃天」の概念は東学を継承した天道教団という個別性を持ちつつ、「私的集団性」を突き破った「公共性」への展開、国家の「自己中心主義」を問う方向性がみられる。東学・天道教においては、二代教主・崔時享が、「盛衰明暗は天道の運である」と述べているように、世俗権力は絶対性を持たないという視点がある。これも、日本の天理教や金光教と同じ視点である（天道教では、神を「ハンウルニム」と呼んでいるが、一般的には「ハヌルニム」と呼ぶ）。

中塚明氏（奈良女子大名誉教授）によれば、東学の特徴は、「『侍天主』（すべてのひとはだれでも、自分の中に天＝神をもつ）の思想に基づき、『輔国安民』（国の悪政を改め、民を安らかにする）と『後天開闢』（近い将来に理想的な時代が訪れる）を主張し、初めから民衆的かつ社会改革的な思想として出発」したことである。（「第七回韓日市民が一緒に行く東学農民軍の歴史を訪ねる旅行・資料集」、二〇一二年）

一八九二—一八九三年に、東学教団による集団的示威運動としての「教祖伸冤運動（名誉回復運動）」をへて、一八九三年、全羅道古阜の東学農民が蜂起し、悪政をおこなっていた古阜郡守を追い出し、一か月にわたって農民軍は長期的抗戦を行う。一八九四年四月、農民軍の闘いは、一般民衆の蜂起と連帯し、全羅道府全州を占拠し、五月には日清両軍を撤兵させるために、中央政府と「全州和約」を結び、執綱所（農民軍による一時的自治機構）が設けられ、弊政改革が進められるが、最終的には農民軍は、一一月には日朝連合軍によって殺戮された。

東学農民革命とわれわれ

私が東学思想に関心を持つのは、そこに幕末維新期の日本における新宗教の活動と浄土真宗の門徒・僧侶による「反政府（護法）一揆」の結合をみるからである。東学研究の碩学である圓光大学校教授・朴孟洙《パクメンス》氏は、私の関心をご存じであり、国際学術大会の翌日、東学農民革命のゆかりの地へご案内くださった。またそればかりか、貴重な関連資料も頂いた。まず、私たちは車で最初に東学農民が決起した場所を訪れた。農民五〇〇〇名が結集したという参礼の小高い丘に立ってみると、辺り一面が見渡せる。ここは昔の城跡で、交通の要衝でもあったのだろう。そこには、巨大な「東学農民革命蜂起碑」が建てられており、石碑の下には、「斥倭洋倡義（韓国に押し寄せる日本と欧米を斥けるために、蜂起せよ）」がハングルで横書きされている。

その記念公園内には、東学農民軍の「四大名義」――①不殺人・不殺物（人をむやみに殺してはならない。家畜を食べてはならない）、②忠孝雙全・済世安民（忠孝をつくして世界を救い、国民を平安にせよ）、③逐滅倭夷・燈清聖道（倭人を追い出し、国の政治を糺す）、④驅兵入京・盡滅権貴（兵をソウルに入城させ、身分差別をすべてなくす）――の記念碑も建てられていた。

朴孟洙教授はこの記念碑の前で次のように言われた。「東学農民革命は、西洋的な『暴力的革命』ではなく、アジア的な『天命を革める』ための宗教的立場に立った不殺生が基盤になっています。ガンディーやキング牧師と同じです」。さらに、「弊政改革案一二箇条」の碑文の前では、一八八四年に蜂起した日本の秩父困民党の「行動綱領」のもとでも、同様に「いのち」が大切にされていること、「足尾銅山鉱毒事件」の告発者・田中正造が東学農民軍の「一二ケ条軍号（規律）」を高く評価していることも強調された。東学農民革命記念公園を去るとき、朴教授が言われた言葉が今も耳に残っている。

私は東学農民革命について、三〇年間、調査研究を行っています。東学農民を弾圧した日本軍の兵士についても調査しました。彼らは、四国出身の貧しい農民でした。その中には、韓国出兵に際して、残された家族の生活に絶望して、幼いわが子を手にかけて殺した兵士もいます。また、この戦いののち将校の数名が自殺していることが明らかになりました。この戦争では日本兵も、犠牲者であったのです。

日本の「近代化」の基礎となった「欧米中心主義」はそれに抗するアジアの人々を「近代化

の邪魔者」として、虫けらのように殺戮しただけではなかった。日本の貧しい農民の「いのち」も奪ったのだ。今日も、「邪魔者」の殺戮を続けさせられているアメリカの「貧しい」兵士と東学農民革命に参加した人々を殺戮した日本兵が重なってみえた。「敵」を殺し、「敵」に殺されるという連鎖を超えるには、相異なる者同士が「差異」の中にある共通のものに気づくことが必要であり、このことが公共性思想の根幹に据えられなければならない。今回の国際学術大会をつうじて学んだのは、この点であった。

私の訪韓は、「独島（竹島）」領有権問題が日本では大きく報じられていた時期であった。だが、国際学術大会は「中止」になることもなく、街にも日本を非難する横断幕、立て看板、デモなども皆無であった。唯一見かけたのは、バス労働組合の賃上げ要求デモだけであった。会議や食事会でも、話題にすらならなかった。「民族主義的」であるのは、日本のマスコミの方であった。日本がアジア侵略に向かう時期に、政府・マスコミが盛んに人々を煽りたてた「排外的民族主義」の傷跡が今も日本には存在している。これを克服するためにも、文化交流を通してアジアから日本を見る視点の大切さを実感した。

三　崔済愚の東学思想と現代

はじめに

東アジア地域では、近年、軍事的・政治的対立が深刻化しているのは周知のとおりである。日本での、二〇二二年一二月の「安全保障三文書」閣議決定による「軍事費二倍化」「敵基地攻撃」の背景には、米国の対中戦略が存在していると思われる。二〇二四年一月に自衛隊幹部らが靖国神社に集団参拝したことや、陸上自衛隊による沖縄県宮古島の宮古神社集団参拝に対して、「平和をつくりだす宗教者ネット」等は、二月四日、衆議院第一議員会館で集会を開き、集団参拝に抗議する声明を発表した。また、靖国神社の新宮司には、元海上自衛隊海将・大塚海夫氏が四月一日から就任することが発表されている。これらの靖国神社をめぐる出来事は、「安全保障三文書」閣議決定を反映したものと考えることができる。

市場原理主義が世界を席巻し、「格差社会」が進行する中で、日本においては国民生活窮乏の怒りの矛先は、民族主義的排他主義に向かう傾向が強くみられ、それを煽る政治的な「戦争脅威」論も強化されている。このような現実において、「自衛隊」と「靖国神社」の結合が常態化すれば、戦争への流れが現実のものとなる可能性を否定することはできない。二〇二四年の衆議院選挙において、劣化した政治に対する市民の批判は、政府与党勢力の大幅な議席減少に現れてはいるものの、格差社会、戦争への道に対する有効な歯止めをかける市民の連帯は育っているとはいいがたい。

今日の世界を席巻しているのは、「アメリカ中心的価値観」を基軸としたグローバリゼーションであるが、その根底にあるのは、「市場原理主義」である。これが世界に広まったのは、ツヴェタン・トドロフ（一九三九―二〇一七）によれば、「冷戦の終焉」以降である。彼は、『屈服しない人々』（新評論、二〇一八年）において、「冷戦の終焉は、理想とされるものへの忠誠の弛緩をもたらし」、「経済的成功だけが個人の開花を測る物差しとされるようになり、市場の論理が生活の隅々にまで広がった」結果、「ひとは長年をかけて作り上げた自分のための行動規範に従うのであって、共同体によって押し付けられる数々の義務に従うのではないとされるようになった」ことを指摘している。ここに「市場原理主義」の受容の根拠を見ることができる。これに対して、「唯一の絶対的価値は人間が持つ、自分より他者を優先するという可能性」を道徳的原理として行動している、ネルソン・マンデラやエドワード・スノーデン、ダヴィド・シュルマン（ヘブライ大学教授）のような人物もいることを彼は指摘している。

「原理主義」的思考は、経済のみならず政治においてもみられる。これらの基底にあるのが、イスラエルのパレスチナ人虐殺にみられるような、「憎しみと他者攻撃」への行動決断を促す、「キリスト教原理主義」「シオニズム」に端的にみられる「原理主義的宗教」である。その根本にあるのは、他者不在の自己中心主義である。

韓国の崔済愚は、「欧米型近代」が一九世紀中期にアジアを支配しようとしている現実の根幹に「各自為心」（自己中心主義）の思考があることを把握し、それに抗することができる「主体的めざめ」によって、現実世界の中に秘められた「後天開闢」の把握を提示した。二一世紀の現代世界における「経済的原理主義」「政治的原理主義」「宗教的原理主義」の一体性は、「各自為心」の究極の姿である。本日の報告では、この現実を打破する道筋を崔済愚の思想に探りたい。

「原理主義」の根源としての「オリエンタリズム」

1　現代における「原理主義」の構造

一九世紀中期以降、世界を席巻する植民地主義・帝国主義と一体化した「国民国家」においては、相互関係性を断ち切り、自己を絶対化した「二項対立的思考」が基軸となって存在する。その思考を支えているのが「原理主義」である。「原理主義」とは、現実を構成している幾つかの、相互に関係する諸側面から一部だけを切り離して取り上げ、それを自己中心主義に合わせて「理論化」し、それを「普遍的・絶対的真理」とする考え方である。

その具体的現れが、アメリカに特徴的にみられる「市場原理主義」、ポピュリズムと一体化した「政治的原理主義」であり、それらに倫理・道徳的行動の決断を与えるのが、「宗教的原理主義（キリスト教原理主義）」である。ガザ侵攻のイデオロギー的根拠となっている「シオニズム」も、「キリスト教原理主義」と一体のものである。また日本における、「国学」と記紀神話を絶対化した独善的イデオロギー「靖国神道」も、宗教原理主義という点で一致する。ここに「各自爲心」の現代的復活をみることができる。

「キリスト教原理主義」においては、宗教と政治は直結し、政治目的を実行する力づけを与えている。

……そこ（ヨハネの黙示録）には、世界は最後に「終末」を迎え、イエス・キリストに味方して救われる者と神に反対して地獄に落ちる悪魔の勢力との一大決戦があると述べているからです。イエスは地上に再臨されて神の王国が興される。……原理主義の人たちは……「反キリスト」との決戦は絶対に起こるんだと固く信じています。……聖書には、ユダヤ人の国が再建され、聖地エルサレムの中心に神殿が復興する時がやってくる、イエス・キリストが再臨されるのはその準備が整った時だと書いてある、ユダヤ人の国家イスラエルの樹立（一九四八年）はこの預言が成就したしるしだ、ユダヤ人は聖書が述べるようにパレスチナ、（すなわち）ユダヤとサマリアの正当な土地所有者である、と（彼らは主張するのである）。（関西学院大学キリスト教文化教育センター編『アメリカの戦争と宗教』、新教出版社、三〇―三一頁、二〇〇四年）

このような「原理主義者」たちは、意識レベルにとどまることなく、さらにその「実現」への行動の指向性を持っていることを、スーザン・ジョージは次のように指摘している。

彼ら（キリスト教原理主義者）によれば、神の命令は、世俗のあらゆる諸機関に対する支配をも含むものだとされている。……キリストの再臨を待っている間、「イエスのために土地（アメリカ合衆国だけではない）を取り戻す」ことが彼らの仕事なのである。……彼らが語っているのは、……神の計画を実行するために、政治的ないしその他さまざまな手段を通じて、あらゆる機関を完全に乗っ取ってしまうことなのである。（『アメリカは、キリスト教原理主義、新保守主義に、いかに乗っ取られたのか?』、作品社、一六頁、二〇〇八年）

「キリスト教原理主義者」は、「宗教」と「政治」「経済」を他者否定の「自己中心主義」によって直結させ、その実現の決断と行動を「宗教」によって合理化する。ここに、植民地支配、帝国主義支配において「先兵」の役割を果たした「キリスト教」、日本の「国家神道」の本質としての相互関係性・共生（相生）の欠如、他者優先の欠如を見ることができる。このようなイデオロギーの構造は一九世紀中期以降、具体化してきた「欧米中心主義」にある。

2「欧米型近代」と「オリエンタリズム」

欧米近代は、古代ギリシア文明を「最も優れた普遍的文明」だと捉え、その継承者が自分であると自認する。この思考には、古代ギリシア文明は、当時の先進地域であったエジプトやフェニキアの文明との相互関係・融合のもとに形成されたことが、意図的に無視されている。マーティン・バナール（Martin Bernal）は自著『ブラック・アテナ』（*Black Athena*, 1987）において、このような、古代ギリシア文明の「アーリアモデル」化と、その継承者を「近代欧米人」だと捉える思考を批判する。

このような、「優れた」古代ギリシア文明の継承者としての欧米近代世界と、「劣った」非欧米世界という二項対立から、「哀れな非欧米世界」救出策としての「植民地主義」の合理化が出現する。このような「二項対立的思考の論理」と「支配の論理」の一体化が、サイードが定式化した「オリエンタリズム」である。この「オリエンタリズム」の特徴は、次のように要約できる。

オリエンタリズムの思考様式、言語空間の下では、つねに西洋と東洋の厳格な二項対立が機能し、西洋と対比的に、東洋には後進性、奇矯性、官能性、不変性、受動性、被浸透性などの性質が割り当てられた。また、逆に、西洋は東洋に対し、みずからと反対のもの（カウンター・イメージ）を執拗に割り当てることによってのみ、自分自身のアイデンティティーを形成していったのだといってもよい。かくして、東洋は、西洋人によって表象され、解釈され、教化され、その嘆かわしい地位から救済され、現代に蘇らせられねばならぬものとしてあらわれるに至る。……オリエント救済プロジェクトとしてのオリエンタリズムは、西洋の地理的拡張や植民地主義、人種差別主義（反セム主義）、自民族中心主義と結びつき、支配の様式としての側面をあらわにしていく。（エドワード・サイード『オリエンタリズム』、平凡社、三六〇頁、一九八六年）

「原理主義」的思考の根源に存在する、「オリエンタリズム」からの解放の道は、出発点として相互関係性、他者優先の立場に立つことである。この立場に立つには、自己中心主義を超えることが必要である。それは宗教的立場に立ち、絶対者の呼び声を聞き、「自分の見方をいつも特権的に扱うのを断念する」（ツヴェタン・トドロフ）ことによって可能となる。それによって、物事を二重化する目が得られ、物事の内に自己中心主義を他者との共生へと転ずるものが存在することを知ることができるのである。その具体例として、東学創始者・水雲崔済愚の思想をみてみよう。

東学創始者・水雲崔済愚の思想の特徴

1　崔済愚の自己超越の苦悩

このような西洋の二項対立的思考様式と支配の様式としての植民地主義の脅威にさらされたのが、一九世紀中期の東洋（アジア）世界であった。崔済愚が直面したのは、このような現実であった。彼は、『論学文』で次のように述べている。

一八六〇年四月に、わが国は混乱状態に陥った。人心は困惑し、そこから脱する方向性あるいは解決の道は、わからなかった。次のような、不思議なうわさが国にはびこった。〝西洋人は真理と徳をさとり、彼らは自らの発明を通して、何でもでき、武器を取って攻撃すれば、誰もそれに抗することができない〟。中国が滅ぼされたら、韓国も、どうして同じ運命に直面しないことがあろうか。西洋人の成功の秘密は、彼らが西洋の学びの道と呼んでいるものに他ならないのだろうか？　それは、彼らがキリスト教と呼ぶ学問、聖なる宗教と呼ぶ宗教なのだろうか？　彼らは天が知らせる時を知っていて、天命を受け取ったのであろうか？（崔済愚『論学文』4、*A Discussion on Learning, Chondogyo Scripture*, University Press of America, p.8, 2007）

アヘン戦争（一八四〇―一八四二年）で敗れた清国（中国）は、南京条約で五港を開き、香港をイギリスに譲り、ここから中国の植民地化は始まる。さらに、一八五六―一八六〇年に「アロー戦争」（第二次アヘン戦争）が起こり、一八六〇年には英仏は北京を攻撃して、清国に北京条約を結ばせた。また中国国内では、土地・男女平等、清朝打倒をめざす「太平天国の乱」が起こり、太平軍は、一八五三年には南京城を陥落させて、南京を首都とした。

このような出来事は韓半島の人々に大きな不安感を与えたことは言うまでもない。「もし世界（中国）が滅ぼされたら、次は韓国がそうなるかもしれない」と崔済愚は思い悩んだ。また、韓国国内にも大きな問題が存在し、「悪しき事柄（疫病や道徳的腐敗）が満ち溢れ」、「人々は平和なき時代に暮らしている」のであった。

崔済愚にとって、中国を武力で打ち破った西洋の軍事力を前にして、また国内の病気や道徳的腐敗の中では、個人の努力で道を開くことの不可能さは、目にみえていた。残された道は、まず現実世界で起きていることは、抵抗を無力化するほどの、天命に沿ったものであるのかどうかを知ることである。もし現実に起こっていることが、天命によるものなら、それに抗する道は存在しないことになる。もし天命によるものでないのなら、現実に起こっていることがらは、「各自爲心（自己中心主義）」によるものに他ならなかった。崔済愚は、西洋の侵略は「天命」によるものではないと主観的には感じつつも、その確信がなかった。このことの最終的判断は外部性としての、絶対者の呼び声を聞く以外には不可能であった。彼が絶対者「天（ハヌルニム）」の呼び声を聞いたのは、そのような苦悩のさなかだった。人間が、絶対者の声を聞くのは、このような絶体絶命の状況に置かれ、そこからの脱出をねがいつつも、それができないときである。

絶体絶命の中で、外部性としての絶対者の「はたらき」としての「呼び声」を聞き、意識変革を遂げ、行動に立ち上がる構造を解き明かしている具体例の一つが、中国浄土教の確立者・善導（六三一—六八一年）による、『仏説観無量寿経』の注釈書『観經四帖疏《かんぎょうしじょうしょ》』「散善義《さんぜんぎ》・廻向発願心釈」の「二河譬《にがひ》」で提示されている。

2『観經四帖疏』における自己超越の構造

「二河譬」では、煩悩の現れに譬えられる、「火の河（激しい怒り・腹立ちの譬え）」と「水の河（激しい欲望・執着の譬え）」の間に浄土真実世界まで続いている、幅一〇センチメートルほどの道を前にしたときの、旅人（求道者の譬え）がどのような決断をし、実行して西の岸（西方浄土）

に到達したかが、述べられている。

この旅人は、西に向かって一人で荒野を旅している。すると忽然と、目のまえに「水・火」の二つの大河が現れた。どうすべきか考えていると、盗賊や恐ろしい獣が現れ、その旅人を襲って殺そうとした。旅人は逃れようとして、西に向かったが、この大河を見て次のように思った。「この河は、南北に果てしなく、まん中に一筋の白い道が見えるが、それは極めて狭い。東西両岸の間は近いけれども、どうして渡ることができよう。……東に引き返そうとすれば、盗賊や恐ろしい獣が次第に迫ってくる。南や北ににげ去ろうとすれば、恐ろしい獣や毒虫が先を争って私に向かってくる。西に向かって道をたどって行こうとすれば、また恐らくこの水と火の河に落ちるであろう。……わたしは今、引き返しても死ぬ、とどまっても死ぬ、進んでも死ぬ。どうしても死を免れないのなら、むしろこの道をたどって前に進もう。すでにこの道があるのだから、必ず渡れるに違いない」（「信文類」、親鸞『顕浄土真実教行証文類《現代語版》』、本願寺出版社、一八四頁、二〇〇〇年）

旅人がその道を歩むことを決断したとき、東の岸（現実世界）からその道を行けと勧める（釈尊の）呼び声が聞こえ、西の岸（浄土真実世界）からは、「来るがよい」と呼ぶ（阿弥陀仏の）声が聞こえた。その二つの声に励まされて、旅人は向こう岸（西方浄土）に到達した。ここには、現実を超えようとして苦悩する旅人（求道者）が、賭けとして行動の決断をしたときに、それを勧める超越者の呼び声を聞き、それを受け止めて実行することによって、自我を超え、自己超越を成し遂げたことが比喩的に表現されている。

崔済愚も、絶対的窮地に立たされ、そこを超えようとしたとき、超越者・ハヌルニムの呼び声を聞き、自己を乗り超える道が得られたのである。

3　崔済愚における神（ハヌルニム）との出会い

崔済愚は、破竹の勢いをもつ西洋人の「成功」の秘訣を考えていた。すると、「突然、私の体は震え、寒気がして、霊性に触れたことによる生命力を感じた。そして、神の言葉を耳にした。周りを見回したが誰も見えなかった。聞き耳を立ててみたが、何もきこえなかった」（『論学文5』、八頁）。そこで、その声の主（神）に尋ねてみると、神様は次のようにお答えになった。

わが心は、汝の心である。人間はどうして、そのことを知ることができようか？　人は、天と地のことは知っているが、神（鬼神）を知らない。私はその神である。私は汝に「永遠の真理」を授けよう。それを育成し、純化し、わかりやすくして、人々に教えよ。実践の戒律を打ち建て、「真理（徳）」をひろめよ。そうすれば、汝は永遠の生命を得て、世界を輝かせるであろう。（『論学文6』、*Chondogyo Scripture*,p.9）

崔済愚が出会った神は、「二河譬」の場合と同様に、姿かたちはなく、声のみが聞こえる存在であった。神は、「わが心は、汝の心である。人間はどうしてそのことを知ることができようか」と述べた。外部性としての絶対的な超越的人格的神が、〝人間は内に神を宿している〟ことを告げたのではあるが、ここには〝神は人間の理解を超えたものであり、人間自身の主体的努力のみでは理解できないもの〟であること、外部性としての神も、内在的な神も同一であることが述べられている。人間は、自己のうちに絶対者が内在していることを知ることはできない。だからこそ、外部性としての神（ハヌルニム）は、「人間は、神の内在を知ることは不可能である」と言ったのである。

人間は自己に内在している「神」を知ることができない。われわれは、現実生活において直接的に「見た目に明らかなもの」、理性によって「明らかなもの」ものがあることを知っている。それを崔済愚は「其然」と呼んでいる。しかし、また同時に、人間の理性や経験によって理解できないものではありつつも、「真実」と言えるものもある。「四季には秩序がある。どうしてそうなのか？　事実、なぜそうなのか？」。これについて、人間は答えることができない。しかしそれらの現象は神意であると捉えれば、理解は可能となる。これを彼は「不然」と呼んでいる。「もしわれわれが、『創造者』を万物の源泉とみなすなら、それらはとても『自明（其然）』のものとなって現れ、その源泉は明らかなものとなるのである」。「この世の人々が、どうして神を、自己の生活の源泉をしらぬことがあろうか」。したがって、「わが心は、汝の心」という神の言葉は、受け入れられるのである。

これは大乗仏教における「一切衆生悉有仏性（すべての衆生は仏性を有する）」における、衆生自身による「仏性」の把握は不可能であるという論理と共通するものである。

大乗仏教における仏性（如来蔵）と東学における内在的神の共通性

1　大乗仏教における仏性（如来蔵）

崔済愚に対して呼びかけた「神（ハヌルニム）」と彼に内在する「神」の関係は、大乗仏教における絶対者・如来とすべての存在に内在する「仏性」（如来蔵）の関係と同じである。下田正弘教授は、如来と仏性の関係について次のように述べている。

仏性・如来蔵の存在は、仏の視座から、仏の宣言として、衆生に向けてなされる。このメッセージの方向性は、絶対的に不可逆的であり、言明の背後にあるこの隠れた視座をはずして、論理必然的に妥当する命題として理解されてはならない。（下田正弘「如来蔵・仏性思想の

あらたな理解に向けて」、シリーズ大乗仏教八『如来蔵と仏性』、春秋社、二七頁、二〇一四年）

如来が衆生を見て、みずからに等しいと宣言するとき、そのことばによってまず差異化させられているのは如来自身である。……如来とひとしいと宣言された衆生は、その呼びかけに応答することによって如来に同化される存在へと変わり、如来蔵（tathaagathagarba）となる。（前掲書、二八頁）

如来が人間に対し、仏性・如来蔵の内在を語ることによって、如来は自己限定して仏性として現実世界へ「降下」し、人間は「ほとけと等しい」存在となって「昇華」する。これが仏の呼び声による、仏性内在化のめざめである。

2　親鸞における「仏性」

浄土真宗の開祖・親鸞は、仏性と信心を得た者の関係を次のように述べている。

仏性は、外でもない、如来（阿弥陀仏）そのものである。この如来は数限りないすべての世界に満ちみちておいでになる。つまりそれはとりも直さず、世に生を享けたすべてのものの心である。ところが、この心において人は仏の誓いを信じるのであるから、この信心こそ

は仏性である。（親鸞「唯信抄文意《ゆいしんしょうもんい》」、石田瑞麿『親鸞全集第四巻』、春秋社、二七四頁、一九八六年）

信心をえた人は必ず浄土に生まれる身（正定聚《しょうじょうじゅ》）となっているので、仏となることが約束された位にある、といいます。……ですから、浄土に生まれるときまった人は、弥勒と同じ位なのですから、如来とひとしいというのです。浄土真実の信心を得た人は、その身こそ浅ましい穢れと邪にまみれた身ではあっても、心はすでに如来と等しいから、如来と等しいということもあるのだ、とご承知ください。（親鸞「末燈鈔」、前掲書、三二七―三二八頁）

親鸞においては、信心とは阿弥陀仏の救済の呼び声、「南無阿弥陀仏」を聞くことによって、自己中心主義の愚かさの「めざめ」をえる。この状態は、五六億七〇〇〇万年後には仏となることが確定している弥勒菩薩と同じ位置についたことを意味する。この状態についた人は、弥勒菩薩と同じであるが、煩悩（肉体）を有しているがゆえに、仏とは同じではない。この人は、心においては仏と同じではあるがゆえに、内容において「ほとけと等しい」というのである。これと同様のことが、崔済愚に生じたのである。ハヌルの内在化を人格神・ハヌルに教示された崔済愚は、「ハヌルと等しい」という確信を通して、永遠の命である神との一体化のめざめを得て、現実世界の真実化の実践の指針を得ることができたのである。

3　崔済愚における内在的神と実践

このような「めざめ」を得ることによって、すべての他者、存在者における神の内在へのめざめが生まれ、神を宿す万物の平等性の理解への到達が可能となったのである。また、このような霊性体験を経たことによって、植民地支配と一体化したキリスト教の欺瞞性にも厳しい目を向け、そのような現実を糺そうという実践的指針をえることもできたのである。崔済愚は、植民地支配の先兵の役割を果たしていたキリスト教について、次のような厳しい批判をおこなっている。

彼らは訊ねた。「西洋の道との違いはなんでしょうか?」。「西洋の宗教（キリスト教）は、それ（東学・天道教）と似てはいるが、異なっています。西洋の宗教は、みかけは神を崇拝していますが、本質がありません。両者は宗教として同じ運命をもっており『道（真理）』も同じです。しかし、両者の教義は異なっています」。彼らは訊ねた。「どうしてですか?」。私は答えた。「われわれの道は自然の道です。もし、各々がよき心を保持し、生命の気を正し、自己の本源的自然に従い、神の教えを受け止めるなら、すべては、自ずからうまくいくでしょう。西洋人は自己の言葉に秩序がなく、書き物には全く論理がありません。神への真の奉仕がなく、ただ自己中心的な考えを祈るだけです。それゆえ、霊性のはたらきと一体化するという神秘的体験がありません。だから、彼らには神の真の教えが欠けているのです」

崔済愚が植民地支配と一体化したキリスト教の欺瞞性を見抜いたのは、彼の信仰体験によるものであった。宗教の本質は、現実における社会的・精神的苦悩の中で、それを乗り超えようと格闘しつつも、自分の力では超えられない壁に突き当たったときに、外部性としての他者である絶対者の救済の呼び声を聞き、古き自己を超え、新たな自己が生まれるという喜びが得られる点にある。これによって、「自分から自分の身を引きはがし、まるで他者の目を通してであるかのように、自分をいわば外側から見ることができるようになる」（ツヴェタン・トドロフ『野蛮への恐怖、文明への怨念』、新評論、二〇二〇年）のである。かくして、自己客体化が可能となり、現実世界は二重化され、その内部に現実を真実化させる方向性の存在を把握することができるのである。

崔済愚は現実を二重化させ、その中に現実を真実へと転ずる可能性（後天開闢）をみたのである。そのような崔済愚にとって、植民地支配と一体化したキリスト教は、真の信仰体験を経ていない、自己超越のない「各自為心」（自己中心主義）を基本としたものであり、神を基軸にしたものではなく、天命に基づくものでもないことが、容易に理解できたのである。

そのような、植民地主義と一体化した「キリスト教」とは異なる、真実の宗教としての「東学」の実践的意義について崔済愚は語るのである。彼は、「もし各々がよき心を持ち、生命の気を正し、自己の本源的自然に従い、神の教えを受け止めるなら、すべては、自ずからうまくいく」と述べている。

彼は、ハヌルニム（神）の霊性のはたらきとしての、「呼び声」を聞き、自己に神が内在していることの「めざめ」を得た。本来人間は、神を内在しているのであるが、「自己中心主義」（煩悩）と世間の誘惑によって、自分ではそのことに気づけないのである。それは、仏性についても同じである。「侍天主《シチョンジュ》」とは、「人間自身の精神と感情の心の中に神をもち、その神につかえることを意味する」（*Chondogyo Scripture*, University Press of America, p.66, 2007）。

「侍天主」は宗教的認識概念であり、外部性としての超越的神の霊性の「はたらき」として、「呼び声」を聞くことによって、神の内在化の「めざめ」が得られる。この教示により、現実生活において神との一体化に向かう努力が生まれる。その実践概念が「守心正気」である。

本来人間は、神を内在しているが、自己中心主義と否定的影響力によって、神の内在化は把握できない。この状態に対して、精神的鍛錬によって、神との一体化を回復するのが「守心」であり、それによって人間の活動を正しい活動へと転ずる、正しい霊的エネルギーを持つことが、「正気」の意味である。この実践過程で、自己中心主義は減少に向かい、自己の本源性としての神と自己の一体化は進行する。このような認識と実践は、「わたし」のはたらきによるものではなく、「無為而化」としての「神」のはたらきに従ってなされるものである。

むすびにかえて

ツヴェタン・トドロフは、今日、世界を席巻している「原理主義」に抗して、「唯一の絶対的価値は人間が持つ、自分よりも他者を優先するという可能性」を自己の道徳的原理として行動している人物として、ネルソン・マンデラやエドワード・スノーデン、ダヴィド・シュルマンのような人物をあげている。彼はこれらの人物を「屈服しない人々」と呼び、「強者、権力の保持者に対して憎しみも暴力を示すことなく対抗できる弱者」であると位置づける。このような人々は、また「誘惑に、己の情念に、安易さに、自分のうちに立ち上がってくる非寛容の念や怨念に、屈服しない」人々でもある。彼らは、「超越的な価値を自らのものとして要求するし、自身道徳的美徳も備えてもいる。こうした人々の用いる手段は非暴力的なものであり、彼ら、彼女らは真実、正義を考えることを忍耐強く主張する」（『屈服しない人々』、新評論、三四頁、二〇一八年）。

これらの人々の多くは、宗教者ではないが、外部性としての「他者」の二重化によって、「人間」をみることのできる人々である。また、自己内に湧き上がってくる自己中心主義にも屈することなく、自己を超えた超越的価値との一体化を要求できる人々である。そしてまた、忍耐強く非暴力の立場に立ち続けることのできる人々である。このような人々が一九世紀半ばから歴史に登場するようになり、その最初の人物が韓国の水雲崔済愚であるといえよう。彼は、インドのマハトマ・ガンディー、南アフリカのスティーヴ・ビコ、アメリカのルーサー・キング牧師、などの運動の先駆けとなった人物である。

彼らは、宗教者、非宗教者を問わず、共通の価値観を持ち、その実践によって平和実現に大きな役割を果たした。その価値観には、「原理主義」に共通の「自己中心主義」とは異なる、他者優先、相互関係性、平和的共生（相生）、和解、が貫かれている。これらの価値観は、宗教の長い歴史の中で培われたものである。これらの価値観が最も大きな役割を果たしたのは、南アフリカにおける非暴力による「アパルトヘイト」体制の撤廃（一九九四年）においてである。

今日の世界において、平和実現のためには、宗教における、上記の諸概念を現実の課題と結合させることが求められている。この視点に立つとき、「欧米型近代」を克服し、非暴力による平和実現の道を提示した、水雲崔済愚の思想はグローバルな意義を持っており、今まで十分に深められなかった、人間の「めざめ」と主体化の構造化・体系化に大きな役割を果たしうると思われる。

第二章　日本における平和構築と仏教

一　靖国問題と仏教徒の平和構築運動――仏教徒の主体化を中心に

はじめに

二〇二四年一月九日、陸上自衛隊幕僚副長・小林弘樹氏をはじめとして、陸上自衛隊幹部らが靖国神社に参拝したことを複数の新聞が報道した。この参拝に対し、一月二六日、防衛省は公用車の使用は不適切とし、乗車した陸幕長ら三人を、軽微な規律違反に適用される注意処分とした。陸上自衛隊の神社参拝は、靖国神社ばかりではなく、一月一〇日には、沖縄県宮古島でも行われていた。

「念仏者九条の会」は、一月二三日、「仏教徒・念仏者として自衛隊幹部らの靖国神社集団参拝に抗議し、厳正に処分することを求める文書を首相、防衛大臣に送付。また浄土真宗本願寺派として抗議声明を出すよう池田行信総長に要望書提出」をおこなった（日本宗教者平和協議会『宗教と平和』、二〇二四年三月号）。また、「平和をつくりだす宗教者ネット」等は、一月に陸上自衛隊幹部などが靖国神社や、宮古神社に参拝したことに対して、二月一四日、衆議院第一議員会館で集会を開き、集団参拝に抗議する声明を発表した。「声明では、事務次官通達（一九七四年）が、『神祠、佛堂、その他宗教上の礼拝所に対して部隊参拝すること及び隊員に参加を強制することは厳に慎むべき』としていることを指摘。今回の陸自の参拝行動は『事務次官通達に抵触』するものであり、『政教分離』の原則を破るものだとして、木原稔防衛大臣に事実関係の調査や責任の所在を国会で明らかにすることを求めている」（『週刊仏教タイムス』、二〇二四年二月二二・二九日合併号）

靖国参拝は、陸上自衛隊ばかりではなく、海上自衛隊も行っていた。靖国神社の社報『靖国』（二〇二三年七月号）には、次のように記載されている。「五月一七日、海上自衛隊遠洋訓練航海部隊の指揮を執る練習艦隊司令官・今野泰樹《こんのやすしげ》海将省補以下、一般幹部候補生課程を修了した初級幹部等一六五名が、航海に先立ち正式参拝した」。しかもこの参拝は、「昭和三二年以降毎年実施されて、今回で六七回目となる」と記載されており、「集団参拝」が慣例化していたといえよう。

また、靖国神社の新宮司には、元海上自衛隊海将・大塚海夫氏が二〇二四年四月一日から就任することが発表されており、偕行社《かいこうしゃ》の公表によれば、元陸上幕僚長・火箱芳文《ひばこよしふみ》氏が二〇二三年に靖国神社崇敬者総代に就任している。これらの事実は、靖国神社の本質が、戦前とまったく変化していないことを示している。

軍国主義と国家神道のシンボルであった靖国神社は、一九四五年の敗戦後、新しい憲法のもとに平和国家の道を歩むことを誓った日本にとって、まったく不必要なものであるにもかかわらず、なぜ復活させようとするのか、それに対して宗教者はどのように対応してきたのかを明らかにすることによって、東アジアの平和共同体構築の道をさぐりたい。

近代天皇制国家と靖国神社

靖国神社の誕生は、一九世紀中期における日本の「近代天皇制国家」形成と不可分のものである。江戸時代の幕藩体制に基づく封建制国家と「近代天皇制国家」との大きく異なる点は、前者は仏教勢力によって自己の存在の合理性がイデオロギー的に保障されているのに対して、後者は国家自体が絶対的神聖を持っている点である。その神聖の「根拠」となるのが、近代に捏造された「天皇制」である。「近代天皇制国家」は「欧米型国民国家」と同様に民族主義と結合した「植民地主義」を基本路線とした。その象徴的存在が靖国神社である。

幕藩体制は、戊辰戦争《ぼしんせんそう》によって倒されるが、「明治維新」（一八六八年）以降の日本は、「欧米型近代」をモデルとした、「国民国家」構築の道を歩んだ。この国家は、「日本的国民国家」であって、急ごしらえの捏造された天皇制イデオロギーを基軸にして、自己の神聖的絶対化を図った。植民地獲得と不二一体の「欧米型近代国民国家」に必要なイデオロギーは、「自民族中心主義」であり、日本の場合はこれを天皇制イデオロギーによって、絶対化したのである。

その結果、徳川政権をイデオロギー的に支えていた仏教をはじめ、既存の諸宗教は近代天皇制国家によって自己の信仰と不可分の宗教的絶対性・超越性を奪われ、その活動は「精神的世界」のみに限定され、社会政治生活においては完全に国家への屈服を余儀なくされた。

この諸宗教の上に君臨するのが、天皇制イデオロギーに基づく「国家神道」であり、その最も重要な施設として位置づけられたのが、靖国神社であった。この神社は、幕末・維新期の天皇の側の戦死者の霊のみを神として祀った「東京招魂社」（一八六九年）を母体とし、一八七九年にその名称を「靖国神社」に変更した。「明治維新」以前の神社信仰においては、敵味方を差別しない「怨親《おんしん》平等《びょうどう》」思想が存在する。ところが、国家神道の中心的宗教施設としての靖国神社には、「怨親平等」思想は存在せず、祀られる対象者は近代天皇制国家に「殉じた者」のみで、「敵」は排除されている。また、靖国神社の場合、管理者が陸海軍であることも、従来の神社には見られない点である。

この靖国神社の「教義」は、菱木政晴教授によれば、①「自国の軍隊の行為は正しく、それに参加するのは崇高な義務」とする「聖戦教義」、②「聖戦に参加して死ねば神になる」という「英霊教義」、③「英霊を模範・手本として後に続け」という「顕彰教義」からなりなたっている（菱木政晴『浄土真宗の戦争責任』、岩波ブックレット、一九─二二頁、一九九三年）。日本の戦争はすべて、批判を許さぬ絶対的に正しい「聖戦」であったとするこの「教義」には、明治以来の侵略戦争と植民地主義的抑圧に対する反省はまったく存在しない。

近代天皇制と一体化したこの靖国神社は、敗戦後、かつての特別な地位を喪失して、一つの宗教法人となった。

戦後日本における仏教徒の靖国神社国家護持反対運動

一九五〇年代中期から六〇年代の「高度経済成長」の中で、再び、かつての靖国神社の「復活」の流れが強化される。この流れは、家永三郎教授執筆の高校用教科書『新日本史』の検定不合格（註1）、「神話」に基づく軍国主義的な「愛国心」を養う「建国記念の日」（一九六六年）の設置、「（旧）ベトナム民主共和国（社会主義・北ベトナム）」への攻撃（一九六五年）を契機として、アメリカがベトナム戦争を「南部」から「北部」へと拡大させたこと、世界第二位となった「経済大国日本」（一九六八年）の海外進出路線、などを反映したものである。この時期には、日本の経済・政治的支配層にとって、青少年の戦争参加・戦死者顕彰の体制をつくることが必要となったのである。

一九六七年、自由民主党は、「建国記念の日」の実施という戦前の「紀元節復活」に勢いを得て、靖国神社国家護持を目指す「靖国法案」を発表した。これに対しては、日本基督教団からは反対の声明が出され、一九六八年には全日本仏教会、新日本宗教団体連合会は、反対の態度を表明した。翌一九六九年二月には、浄土真宗本願寺派教団は、最高決定機関「宗会」において、全会一致で靖国神社国家護持反対決議を行った。そこでは、①「信教の自由」の保障と「特定宗教への国家支援」の否定を掲げる、日本国憲法二〇条、八九条（国費の支出制限）に違反しているという国民一般の立つべき視点の堅持と、②宗教者（真宗者）の立場から、靖国思想の虚偽性を親鸞思想に依拠して批判する必要性が提起されている。

三月には、浄土真宗本願寺派総長、真宗大谷派総長名で「靖国神社法案に関し政府自民党に対する要請」が発表され、教団として国家護持法案反対の意志を打ち出した。四月には、二〇〇〇万人の門徒（信者）を擁する日本最大の宗派である、浄土真宗の一〇派から成る「真宗教団連合」が発足すると、教団連合の名において、この法案に反対する姿勢を示した。

一九六九年五月には、国家神道復活をもくろむ「靖国法案」に反対する宗教六七団体声明が出され、反対署名数も二〇〇〇万名を超えた。この反対運動は、政教分離・信教の自由を基軸として、真宗教団連合、日本基督教団、全日本仏教会、新日本宗教団体連合、立正佼成会、創価学会、日本キリスト教協議会、日本宗教者平和協議会などが、宗教・宗派の違いを超えて連帯した、初めての運動であった。この運動において、宗教教団と日本共産党、日本社会党（当時）、公明党、総評、日教組、憲法会議等との、日本国憲法を基軸にした共闘が初めて実現したことの意義も大きい。このような反対運動が高まる中で、一九六九年六月三〇日に国会に提出された「靖国法案」は、八月五日に廃案となった。

この靖国法案反対運動の意義は、①日本国憲法を基軸として、宗教教団・宗教者が、宗教・宗派の違いを超えて連帯し、社会的・政治的問題に初めて取り組んだことである。第②に、宗教教団が政党、労働組合、市民団体とも初めて共闘することによって、この法案を廃案に追い込み、この闘いによって、宗教による平和実現の具体的出発点ができたことである。第③に、精神的解放と社会的・政治的解放の一体化の理論を構築する必要性が、教団・宗教者に生まれたことである。

靖国法案については、一九七四年の三度目の廃案をへて、一九七五年に自民党は法制化を断念する。しかし自民党は、戦前に一般参拝とは区別される「公の身分を有する者がその身分をもって参拝する場合」の「正式参拝《せいしきさんぱい》」を継承した「公式参拝《こうしきさんぱい》」へと路線変更し、この積み重ねによって、最終的には靖国神社国家護持を実現しようとした。それが一九八五年八月一五日の中曽根首相の「公式参拝」であった。「国民が感謝をささげる場所がある。当然のことである。さもなくして、だれが国に命を捧げるか」（一九八五年軽井沢自民党議員セミナー講演）と中曽根首相は靖国神社国家護持の必要性を語り、自ら靖国神社の「公式参拝」を実行した。この参拝に対しては、国内ばかりか、軍国主義復活を懸念する抗議がアジア諸国から起こった。さらにまた、アジアから繰り返し起こっている反発を無視して行われた二〇〇一年の小泉首相の靖国参拝に対しては、「在日外国人、在韓・在米の戦没者遺族らを含めた二〇〇〇人が、国・小泉首相・靖国神社らを被告として、……『小泉首相靖国参拝違憲訴訟』を起こした」（田中伸尚『靖国の戦後史』、岩波新書、二〇〇二年、一九九頁)。ここにおいて、靖国問題は「国民」の境界を超えて、「アジア化」したといえる。

二〇二四年一月の陸上自衛隊幹部の靖国参拝は、二二年一二月の「安全保障三文書」閣議決定による「軍事費二倍化」「敵基地攻撃」の路線の反映であって、東アジアの軍事的・政治的対立を深めるものであり、靖国問題が新たな段階に入ったことを証明しているようにみえる。

靖国問題と仏教徒の主体化

日本の「近代化」路線がなにゆえに植民地主義・侵略戦争と一体化したのか、またその方向に国民の大多数がなぜ抵抗しなかったのか、国家神道支配のもとで、日本における宗教信者はなにゆえに、「天皇教徒」となり、その呪縛から今日もなぜ解放されていないのか等の問いについては、靖国問題が契機となったことは疑いのない事実である。日本では、形式的にせよ、諸宗教の中で仏教徒が最も多く存在しているため、仏教教団・僧侶にはこれらの課題に応えることが求められている。これらの課題は、教団、仏教徒のみならず、すべての国民にとって、植民地支配・侵略戦争の加害責任を自らに問うことでもあり、それに応えることなしには、アジアにおける平和的共生社会構築運動への主体的参加は不可能であろう。

この靖国問題がきっかけとなって、明治以来の体制迎合の教学の問題点を問うことが主体的な仏教徒の中で始まり、戦争協力の懺悔も、一九九〇年代に浄土真宗や曹洞宗などの教団レベルでおこなわれた。侵略戦争協力も原子力発電所容認も、批判を許さぬ「国策」の絶対性という点において、その根拠は明治以来の「真俗二諦論《しんぞくにたい》」にあることに目覚め、宗教的真理と政治的社会的真理の非分離性・相互関係性を説く「空・縁起」思想に依拠した仏教徒たちは、一九七五年から始まる反原発運動によって石川県珠洲市における原発立地を凍結（二〇〇三年三月）させたり、韓国・群山市の東国寺に曹洞宗僧侶たちが「少女像」と曹洞宗の「懺謝文《さんじゃもん》（アジア侵略の謝罪・懺悔）」碑を建立したりするなど、アジアとの平和共生の積極的な取り組みもみられる。また、二〇〇一年に小泉首相が靖国神社に参拝したことに対する反対運動は、裁判闘争において、日本とアジアとの連帯を生み出した（二〇〇四年四月の福岡地裁判決は、小泉首相の靖国神社参拝は「憲法二〇条第三項に反する」というものであった）。

では、侵略戦争加担の根拠となる、浄土真宗の「真俗二諦論」とはどのようなものであるのか、またその問題点とは何かを宗教的に明らかにすることは、「靖国信仰」から解放されて、東アジアの平和共生を実現するためにも、必要である。以下において、「真俗二諦論」の問題点を明らかにしたい。

1「真俗二諦論」とはなにか

「真俗二諦論」（註2）とは、日本における最大宗派の浄土真宗教団が、近代天皇制国家への屈服・協力を可能ならしめた教義である。この教義によって、侵略戦争が合理化され、浄土真宗信仰は靖国信仰と一体化するのである。浄土真宗が戦争に加担した思想的根拠としての「真俗二諦論」は、精神的／宗教的世界と社会的／政治的世界の分割を行い、前者に関する認識を「真諦《しんたい》」と呼び、後者に関する認識を「俗諦《ぞくたい》」と呼んでいる。この考え方の最大の問題点は、宗教を精神的世界にのみ限定し、社会政治の問題には、宗教は批判を行わないという点である。

では、「真諦」と「俗諦」の関係はどのようなものになるのであろうか。それは「相依相《そういそう》資《し》」と言われているように、両者は「相補《あいおぎな》あう関係」でなければならないとされる。しかし、現実には「俗諦」（近代天皇制権力の承認）によって「真諦」（浄土真宗教団・信者の真宗信仰の在り方）は屈服されられたのである。

なぜなら、「俗諦」の基盤となる「近代天皇制」は、それ自体が諸宗教を超えたイデオロギー的・宗教的絶対性を持ち、その具体的展開としての政治的行動原理としての「法律」も絶対性を持っているからである。

東西本願寺教団は「真俗二諦論」を、教団の憲法にあたる「宗憲《しゅうけん》」（真宗大谷派、東本願寺）、「宗制《しゅうせい》」（浄土真宗本願寺派、西本願寺）において、浄土真宗の教えの中心として明記した。「真諦」の「俗諦」への屈服は、世俗権力に対する教団の「自己存続」の対応でもあった。

日本の宗教教団が戦争協力に対する加担の罪の告白・懺悔を行ったのは、一九六七年の日本基督教団の「第二次大戦下における日本基督教団の責任についての告白」が一番早く、ここには「靖国神社国家護持法案」への危機感が反映されている。仏教教団の戦争協力の自己批判・懺悔は、それから二〇年以上も後のことである（註3）。

日本の仏教では、「死後五〇年」が節目とされ、「敗戦五〇年後」にあたる一九九五年までには、戦争加担への宗教的懺悔をおこなうことが求められ、浄土真宗や曹洞宗の教団等はそれを実行した。その背後には、一九六九年の「靖国神社国家護持法案」に対して宗教教団が宗派を超えて連帯し、市民、政党とも協力して、廃案に追い込んだという体験や、一九八五年の中曽根首相の「靖国神社公式参拝」と闘えたという体験の共有も存在した。しかしながら、靖国問題と根本的に闘うためには、「靖国イデオロギー」を容認する「真俗二諦論」の体系的批判が必要である。

2 「真俗二諦論」の宗教的問題点

「真俗二諦論」の根本的な誤りは、宗教と世俗の分離であろう。大乗仏教は、「不二一体・相互関係性」の立場に立つがゆえに、両者の非分離が基本的姿勢である。たしかに、「真俗二諦論」は、言葉の上では両者の非分離性を主張しているが、その非分離性の根拠が不明確である。それゆえ、「俗諦」としての近代天皇制の世俗法の「絶対性」が、「真諦」としての宗教的・精神的世界を拘束し、人々を戦争に駆り立てる場合、常に「俗諦」に屈服せざるをえないのである。この屈服を本願寺教団は常に受け入れてきたばかりか、門徒（信者）、僧侶に対してそれを積極的に推進してきた。

なにゆえに、このようなことが可能となったのであろうか。それは、信仰を精神世界に限定することが宗教の本質的なあり方だと考えたからである。真宗教団の指導的理論家たちは、「欧米型近代」の価値観を普遍的なものと錯覚し、政治的世界から追い出された宗教（絶対者）を個人に「内面化」させる。その内面化された「絶対者」は、「理性」として捉えられた。ここに、「絶対者」「理性」は個人において一体化し、現実世界においては「エゴイズム」との一体化をもたらしうる。近代世界の政治権力者たちは、政治から宗教を追放し、宗教を個人の「内面」に閉じ込めたが、他方、自己の外部性として、超越的存在としての絶対者を国家と一体化させた。それによって、国家自体が神聖性を持つにいたる。

重要なことは、宗教は精神的世界と世俗世界の関係、人間の信仰を基軸とした生活の在り方をどのように捉えているかを明らかにすることである。ここでは、浄土真宗の開祖・親鸞の思想を取り上げることによって、この課題に応えてみたい。

親鸞が生きた時代の特徴は、一〇世紀半ばに成立する「顕密体制」であった。その体制は、世俗的政治権力と宗教勢力（平安仏教としての比叡山延暦寺・高野山金剛峰寺と、奈良仏教としての南都六宗）との連合政権であった。世俗政治権力は、一〇世紀ごろ、律令体制崩壊の中で、旧来の神祇信仰イデオロギーでは体制を支えることはできず、それに代わる「神祇信仰と密教との結合」を基軸とした宗教勢力を必要とした。また巨大な荘園を持つ宗教勢力も、自己の存続・安定化のため、世俗権力による擁護を求めた。このような世俗権力と宗教勢力が相補うことによる、総体としての国家権力体制が「顕密体制」と呼ばれるものであった。したがって、この時代の宗教思想は極めて権力擁護的な政治性を帯びたものであった。そこでは、本来の宗教が持つ人間の解放、人間の自立と連帯を促す側面は完全にそぎ落とされていた。

親鸞が生きた一三世紀は、「顕密体制」が定着した時代であった。この政治体制と一体化した仏教を人間解放の視点からとらえ返したのが、「鎌倉新仏教」であり、その代表者の一人が、専修念仏をかかげる親鸞であった。その中心思想が「現生正定聚」論である。

3　親鸞の「現生正定聚《げんしょうしょうじょうじゅ》」論

「正統派」浄土教では、真実の「さとり」を求める者は命終後、浄土に往生し、仏（智慧・慈悲の完成者）となってから人々を救済すると捉えられていた。浄土往生（自利）を遂げ、仏となった者が現実世界へ還って、人々の救済（利他）を行うことは、仏（智慧・慈悲の完成者）の当然の行為である。しかし、菩薩としての他者救済活動がなければ、仏となることはできない。「さとり」と「他者救済」の一体的立場に立てば、「さとり」をひらく道を歩むことは、同時に他者救済の道を歩むことでなければならない。親鸞は、この一体性を現実世界において捉えた。それを可能ならしめるのが、阿弥陀仏を主体とした「往相廻向《おうそうえこう》」と「還相廻向《げんそうえこう》」

という二種の廻向である。

親鸞は菩薩道を歩む人間が阿弥陀仏の導き（廻向）によって、浄土往生を遂げる道筋を「往相廻向」と捉え、「めざめ」を得て退転することなく浄土往生の道を歩むことが決定したその時に、浄土に往生して成仏することが現実世界において確約されると捉えた。この立場に立つ存在者を親鸞は「現生正定聚」と規定し、「弥勒に同じ」と呼んだ。「現生正定聚」とは、「命が終われば、仏（智慧・慈悲の完成者）になることが現世において確約されている仲間たち」であり、それは五六億七〇〇〇万年後に成仏することが決定している弥勒菩薩と同じであることを意味する。

弥勒菩薩は「菩薩（Boddhi-sattva）」、すなわち「めざめた生き物」という点では仏と異なるが、内容においては阿弥陀仏と等しく、他者救済の徳に恵まれている。現生正定聚の位に立つ者は、「還相廻向」という阿弥陀仏の導き（廻向）を得て、現実世界において「浄土から現世に還った菩薩」と同様に、多少なりとも他者救済活動ができるのである。

親鸞は、仏となるのは命終後と捉えたが、「正定聚のくらいに定まることを『往生を得る』というのである」（『一念多念証文』）と述べているように、往生を得ることを、古き自己中心主義の根が断ち切られ、心は浄土にくらす、新たな自己の誕生として、現世において捉え、それを正定聚の位につく人間の姿であると理解した。

親鸞は、『佛説無量壽經（巻下）』の冒頭の文、「其有衆生、生彼國者、皆悉住於正定之聚（無

量壽佛の國に生まれる人々は、みな正定聚に入る）」の傍線部を次のように読み替えた。「無量壽佛の國に生まれようとする人々は、みな正定聚に入る」（『一念多念証文』）。その根拠は、『佛説無量壽經』の異訳である『無量壽經如来会（下）』の次の傍線部の言葉にあると親鸞は捉えた。「彼國衆生、若当生者、皆悉究竟、无上菩提、到涅槃處……（無量壽佛の國の人々、もしまさにこれからそこに生まれようとする人々は、皆すべて正定聚の位にある人々であり、必ず、この上ないさとりをきわめ、涅槃に至らしめよう）」。

したがって、この世での命を終えて、浄土に生まれて仏（智慧・慈悲の完成者）となっていなくても、「未来に浄土に生まれようとする者」は、阿弥陀仏によって「めざめ」を得るならば、現世において、「浄土から還った菩薩」と同様に、阿弥陀仏の援助を得て他者救済行動が現世において不十分ながらも、可能となるのだ。このような「還相の菩薩」こそが、仏となることが定まっている弥勒菩薩と同じ「正定聚」の位についた人間の姿である。

親鸞は「還相廻向」に活かされて、他者救済活動を行う人間の姿を聖徳太子（五七四―六二二年）にみた。仏法否定の物部守屋《もののべのもりや》を打ち滅ぼし、仏教を基軸とし、世俗権力を相対化して、人間の平等性を大切にした政治的実践者として、親鸞は聖徳太子を捉えた。親鸞は「現生正定聚」の位についた人間は、以前の自己とは異なる自己へ、他者との関係性のもとにあることを自覚できる自己へと成長することが可能だと捉えた。そのような人間の生き方自体が人々に深い感動を与え、人々を真実にめざめさせるのである。

4 「現生正定聚」と社会的視点

「現生正定聚」の位についた人間は、信心（めざめ）を得て自己客体化が可能となるがゆえに、非人間的行動はできなくなる。それゆえ、「おこなってはならないこと」を、人に勧めたり、身勝手なおこないをすることはできなくなる。このような身勝手なふるまいを制止する努力が必要となるが、この自己努力こそが阿弥陀仏の「廻向」、すなわち阿弥陀仏の援助、励まし、勇気づけに媒介されたものなのである。

「現生正定聚」の位についた人間は、自己客体化を通して、社会や物事を批判的にみる目が得られる。親鸞は次のように述べている。

> 阿弥陀仏のよびごえを聞き、めざめをえて念仏を申し上げることが定着した人々（正定聚の位についた人々）は、現実世界のひどいことを批判的にみる視点、わが身の悪しきことを厭い捨てようする態度も存在するのです。（「親鸞聖人御消息二」、『浄土真宗聖典』、本願寺出版社、三七九—三四〇頁、二〇〇七年）

親鸞の「現生正定聚」の人間像は、晩年期における政治権力による念仏弾圧に抗する連帯の必要があったからこそ、生まれたのである。また親鸞は、「現生正定聚」論によって、弾圧に勝利することができた。仏教思想に基づく実践と専修念仏者の現実とをつなぐことによって、親鸞は聖徳太子を現生正定聚の位に立つ存在者として捉えることができたのだ。

5「現生正定聚論」と「靖国」

親鸞の「現生正定聚論」は、阿弥陀仏の霊性の「はたらき」としての呼び声（南無阿弥陀仏）を心の耳で聞くことによって、自己中心主義の愚かさに「めざめ」を得た人間が、阿弥陀仏の導きを得て、社会の中で他者と連帯して生きる道を示すものである。その生き方は、社会における非人間的な現実を改めさせる行動の指針となる。このような親鸞の思想は、今日においても重要な意義を持っている。

しかし、現在の浄土真宗においては、これとは異なる思想が存在している。その一つは、社会的活動の否定論である。他者救済、社会活動は命終後の仏（智慧・慈悲の完成者）となってからの「還来穢國《げんらいえこく》」の活動であり、現世における真実の他者救済活動は不可能だというのである。したがって現実世界で行う他者救済活動は、「宗教者」としての活動ではなく「市民」の活動の域を出ないことになる。

もう一つは、「欧米型近代」思想に基づいて、命終後の他者救済活動は非論理的だと捉えて、「さとり」に向かう道のみを対象とする考え方である。その場合も社会性は捨象され、個人の純粋な理性の精神的活動に特化され、その活動に集中することが、宗教者の課題であるということになる。その結果、精神活動に特化されたその宗教理論が戦争協力につながるものであっても、社会的責任は問われないことになる。「現生正定聚論」を「精神」の内部に止める、このような二つの思想が「真俗二諦論」の払拭を妨げるのである。

「靖国」イデオロギーは、世俗の「植民地主義」「自己中心主義的民族主義」を「天皇の絶対性」によって合理化するものである。したがって、自己の宗教的理由によって、侵略戦争に反対することは、天皇の絶対性の否定につながるものであるがゆえに、決して許されるものではなかった。このことは、宗教信者にとって、拠り所となる宗教の否定を強制されることを意味する。他方、主要な宗教教団が、信仰者の立場に立ち、国家に抗して信仰を護る行動をしなかった結果、仏教をはじめ、多くの宗教は結果的に「天皇教」へと変質した。浄土真宗も、その例外ではなかった。この点をみるとき、天皇制の存在を、結果的には第一義的に捉える「真俗二諦論」は、宗教の核心を否定するイデオロギーであるといえる。

この払拭のためには、「現生正定聚論」を現実の実践の中で捉えなおすことが必要である。その具体例が、すでに述べた能登半島珠洲市における原子力発電所立地阻止運動である。地域住民の三分の二が真宗大谷派の門徒（信者）であるこの地域では、日本の侵略戦争も原発立地も、共通に批判を許さぬ「国策」にあることを見抜き、「国策」を相対化し、「現生正定聚論に基づく「還相廻向」に媒介された、多くの門徒・僧侶を中核とする非暴力運動によって、原発立地を二〇〇三年に完全撤退させた。この運動の中で、住民は「原発」の「被害者」であると同時に、他の地域に環境汚染をもたらす「加害者」ともなることを学んだ。このような実践の積み上げによる「現生正定聚論」の深化こそが、「真俗二諦論」を払拭し、新たな局面を迎えた靖国問題の克服とアジアの平和共同体構築とを結合させることにつながるであろう。

まとめにかえて

「敵基地攻撃」を前提とした「軍事費二倍増」の具体化が進行しつつある今日の情勢の中で、自衛隊幹部の靖国神社参拝は、日本が戦争に向かう新たな段階に入ったことの象徴でもある。この現実を、東アジアの平和共同体への新たな具体的第一歩へと転ずるためには、宗教者の果たすべき役割は大きい。平和構築のためには、社会科学的認識、歴史的認識が必要であることは言うまでもない。この認識を行動へと転じるためには、自己を問う意識変革を通した相互関係性の把握が必要である。この点において宗教が、非暴力運動によるアパルトヘイト撤廃に大きな力を発揮した南アフリカの事例に注目したい。これに倣って、浄土真宗の僧侶として、この小論で展開した現生正定聚論をアジアの中に位置づけ、相互対話を通して、非暴力による平和実現を可能ならしめる意識化の一助となるように努めたい。その実践的努力は靖国神社とそのイデオロギーを無力化することにつながりうるのではないだろうか。

以下の註は、二〇二四年四月二五日、韓国ソウルで行われた『仏教評論』社主催の講演会での私の口頭報告に対する質問・討論を反映したものである。

【註1】家永三郎教授は、高校用教科書『新日本史』（一九六三年）において、『古事記』『日本書紀』は「神武天皇以降の最初の天皇数代の間の記事に至るまで、すべて皇室が日本を統一してのちに、皇室が日本を統治するいわれを正当化するために作り出した物語である」と述べている。『古事記』『日本書紀』は「このような政治上の必要から作られた物語や、民間で語り伝えられた神話・伝説や歴史の記録などから成り立っているので、そのまま全部を歴史と見ることはできない」（『教科書黒書』、労働旬報社、四七八頁、一九六九年）と述べ、神話と史実の混同を批判した。この記述は、近代天皇制イデオロギーの根底となる〝「祭政一致」は神武天皇にある〟という神話が、同時に歴史的事実であるという混同を戦前の学校教育において国家が強制したことへの批判となる。また、それによって若者が日本の侵略戦争の犠牲者／加害者となったことに対する批判につながりうる。それゆえ、この批判は戦前の教育を復活させようとする、政府・文部省と根本的に対立するものであった。

【註2】「真俗二諦論」は、近代天皇制国家成立とともに生まれた浄土真宗教団のイデオロギーであって、親鸞思想、仏教原理とは根本的に対立するものである。宗教においては、その真理／価値観は世俗の上位に位置づけられる。宗教は世俗にありつつ世俗を超えたものであり、その宗教的真理／価値観に基づいてこそ、世俗政治は正常化すると捉えられるからである。このような考え方は、日本においても「明治維新」以前までは、基本的に世俗権力においても認められてきた。したがって、日本では宗教（仏教）

において、「真俗」は「真」優位の「一諦」であって、「俗」が独立的位置を占めることはなく、宗教が世俗に対して優先的位置を占めていた。世俗権力と宗教勢力の連合体としての「顕密体制」において、仏教と世俗権力は「車の両輪」と捉えられてはいるが、その前提は仏教優位であった。理論的にも歴史的にも、明治期の「真俗二諦論」は、宗教／仏教理論からの逸脱である。

【註3】仏教教団における戦争加担への罪の懺悔が日本基督教団に二〇年以上も遅れた理由は、以下の通りである。

戦前の天皇制国家体制復帰と一体化した靖国国家護持法案が出始める時期と日本基督教団の戦争加担懺悔が出たのは、ほぼ同時期である。キリスト教徒は日本において、少数派であり、歴史的にも弾圧を受けてきた。日本においてキリスト教徒となるには、仏教徒とは異なる、より堅固な主体的信仰が要求される。また、キリスト教はアジアにおいて多数の信者が存在し、抑圧に耐える深い信仰を生み出した。靖国国家護持法案が問題となった一九六七年に、多くのキリスト教徒は「被害者」意識に留まることなく、同じアジアのキリスト教徒に対する視点を深化させることによって、「被害者」アジアの側から自己を客観的に見る視点を得た。それによって、「加害者」の自覚が生まれ、懺悔が可能となったのであろう。

他方、日本では仏教徒は圧倒的多数者であり、信仰において、一般的にはキリスト教徒ほどの主体性は要求されない。仏教徒も多くの犠牲を伴った一連の侵略戦争においては、「被害者意識」を持っており、「戦前回帰」は望まなかった。その「回帰」を目的とする靖国神社国家護持法案を、憲法が掲げる「信教の自由」「国家の宗教活動の禁止」という立場から批判することには多くの賛同が得られた。

しかし、そのことは自動的に自己の生き方、自己の信仰を問い直すことには、つながり難い。「被害者意識」が「加害者意識」へと転ぜられるためには、自己の宗教（仏教、各宗派）の原点に立ち返って、信仰を問い直すことが必要であった。浄土真宗本願寺派の教団としての靖国法案反対の根拠は、日本国憲法と宗祖・親鸞の思想にあったが、親鸞思想の深化は主流になりえず、「被害者意識」を超えることがなかった。「被害者意識」を超えて「加害者意識」へと達するためには、親鸞思想の主体的把握が必要であり、その障害物となっている「真俗二諦論」の克服が必要であった。そこへ達するためには、浄土真宗本願寺派反靖国連帯会議にみられるような、先進的な一般僧侶・門徒（信者）による、「反靖国」と一体となった自己を問う取り組みの集積が必要であった。それが不十分ながらも実ったのが、浄土真宗本願寺教団の「戦争責任・平和への願い」を表す宗会決議「わが宗門の平和への強い願いを全国、全世界に徹底しようとする決議」（一九九一年）である。

二　宗教と行動決断の構造——親鸞浄土教を中心に

はじめに

カントの実践哲学では、「特攻隊員」が死亡した場合、それが現実には、「犬死」か「崇高な死」かの区別がつかないという話を、学生時代に森信成先生から伺ったことがある。

カントは、「汝の意思の格率が、同時に普遍的立法の原理として妥当しうるように行為せよ」と述べている。「格率」とは、「主観的に妥当する実践の原理」であり、「自分で決めて、自分で実践する規則」である。したがって、それは万人にとって絶対的普遍性・必然性をもたない。「格率」は「普遍的立法」と合致しなければ、普遍性をもつことができない。

天皇制国家のもとでは、「大東亜共栄圏」理念は、批判を許さぬ絶対的なものであった。それゆえ、これを「普遍的立法」と捉えるなら、「特攻隊員」の死は「個人の意志の格率」と「大東亜共栄圏」理念が合致したものであり、「崇高な死」となる。しかし、その理念は、植民地主義「イデオロギー」にすぎなかった。それゆえ、自ら決めた「突撃死」は「普遍的立法」が不在の中では、「侵略」に「貢献」しただけの「犬死」となる。

しかし、国家神道を拒否する、まともな信仰の立場に立って「普遍的立法」を外部性としての超越的絶対者と一体化させた場合、そのような死を自己決定する格率を絶対者は決して認めない。カントも、道徳律が恣意的にならぬように、霊魂の不滅・神の存在の是認を実践理性の要請としてとらえた。しかし、カント哲学者は多くいたが、「特攻隊」への志願やそれを是認する権力者の非道徳性に抗して、命懸けの反対行動を起こしたものはいなかった。

人間にとって、自分の生き方を主体的に選び、その決断をするのは、一種の「賭け」である。生き方の決断において、問題となるのは「普遍的立法」の内容である。一九六〇年代に学生生活を送った若者の間では、人類の自由獲得の歴史、「社会発展の合法則性」、「社会主義」理念などに「普遍的」価値を感じた者は少なくなかった。

大阪市立大学時代の恩師・森信成先生、見田石介先生は、戦前に唯物論研究会や社会変革運動に参加したため、逮捕・入獄を体験された。お二人の生き方に基づく研究から生まれた唯物論や弁証法の内容はとても新鮮であり、私の生き方に大きな影響を与えた。大阪外大時代に、ヒンディー語現代詩を教えていただいたマーラヴィーヤ先生も、インド独立運動に参加したため、逮捕・入獄を体験され、その講義内容には重みがあった。これらの先生においては、「個人の意思の格率」と「普遍妥当的立法」は合致しているように思われた。これと同様の事柄は、社会主義者ばかりでなく、社会的視点を持った一部の仏教徒、キリスト教徒や、天理教から分立した「ほんみち」教団等にもみられた。

一九六〇年代の私には、「普遍的立法」と関連付けられるのは、社会主義的理念に基づいた社会正義実現の方向性であるように思われた。このような方向性を「普遍的立法」と関係させて、個人の意思の「格率」を社会主義の理念に合致させるように決断すればよいということになる。しかし、「社会主義」が以前のような希望の光を失っている現在では、このような捉え方では、多くの人は納得しないであろう。

「普遍的立法」は人間の総合的な生き方と繋がるものであるため、理性・合理主義・科学の枠組みだけで考えるのは不十分であり、外部性としての絶対者の存在を前提とする宗教思想内容にまで、考え方を拡大することが必要である。この場合の宗教は、「欧米型近代」が「個人の内面」にのみ、その役割を限定した「宗教」ではなく、人間の「トータルな生き方」として共同体と結びついた、長い歴史を持つ宗教に立ち返って検討することが必要である。人間の行動決断が、個人の意思の格率と普遍的立法の一致にあるとすれば、まず自己決断の構造の明確化から始めることが必要である。この課題について、浄土教を題材にして検討してみたい。

浄土教における人間の「決断」の構造

宗教において行動への決断と立ち上がりは、どのような構造をもっているのであろうか。この課題について、中国浄土教の大成者であり、法然が依拠した善導（六一三―六八一年）は、『佛説観無量壽經』の注釈書『観經《かんぎょう》四《し》帖《じょう》疏《しょ》』の「二《に》河《が》譬《ひ》」において応えている。これは譬喩として、「火の河」と「水の河」の間に浄土真実世界まで続いている、幅一〇センチ余りの道を前にしたとき、旅人に例えられる求道者がどのような決断をし、実行したかについて述べたものである。西（浄土）に向かって、荒野を歩む一人の旅人がいる。すると、忽然と眼の前に二つの大河が現れた。善導は次のように述べている。

> 一つは火の河で南にあり、もう一つは水の河で北にある。その二つの河はそれぞれ幅が百歩で、どちらも深くて底がなく、果てしなく南北に続いている。その水の河と火の河の間に一すじの白い道がある。その幅はわずか四、五寸ほどである。この道の東の岸から西の岸までの長さも、また百歩である。水の河は道に激しく波を打ち寄せ、火の河は炎をあげて道を焼く。水と火とがかわるがわる道に襲いかかり、すこしも止むことがない。（親鸞『顕浄土真実教行証文類《現代語版》』、本願寺出版社、一八三頁、二〇〇〇年）

すると、盗賊や恐ろしい獣が現れて、その旅人を襲って殺そうとした。旅人は逃れようとして、西に向かったがこの大河をみて、次のように思った。

この河は南北に果てしなく、まん中に一すじの白い道が見えるが、それはきわめて狭い。東西両岸の間は近いけれども、どうして渡ることができよう。わたしは今日死んでしまうに違いない。東に引き返そうとすれば、盗賊や恐ろしい獣が次第にせまってくる。南や北へ逃げ去ろうとすれば、恐ろしい獣や毒虫が先を争って私に向かってくる。西に向かって道をたどって行こうとすれば、また恐らくこの水と火の河に落ちるであろう。……わたしは今、引き返しても死ぬ、とどまっても死ぬ、進んでも死ぬ。どうしても死を免れないのなら、むしろこの道をたどって前に進もう。すでにこの道があるのだから、必ず渡れるに違いない。（前掲書、一八四頁）

これは自分が置かれた現実を克服するための決意を示したものである。この場合、東方から迫って来る盗賊・猛獣に立ち向かっていっても、逃げても、その場に留まっていても、無力な自分の死は論理的に明らかである。残された道は、水・火の河の真っただ中にすでにある幅一〇センチ余りの道を歩むしかなかった。彼には、この道が正しい道であるという理論的認識はなかったが、その道が唯一選択できるものであり、その道を信じたがゆえに、歩む決断をしたのである。この決断は、今まで体験したことのない、他に選択の余地なき自己決断であり、今までの自己を超える決断であった。そこには、自己を絶対化した思考の論理は存在しない。その決断が悔いなきものであるためには、普遍的なものとの合致が求められる。またその道が護られたものであることの納得が必要である。それを可能ならしめたのが、釈迦・弥陀二尊の呼び声である。その道を歩む決意をしたとき、旅人は次のような呼び声を聞いて、その道を真っすぐ西に向かって進み始めた。

にわかに東の岸に、「そなたは、ためらうことなく、ただこの道をたどって行け。決して死ぬことはないであろう。もしそのままそこにいるならかならず死ぬであろう」と人の勧める声が聞こえた。また西の岸に人がいて、「そなたは一心にためらうことなくまっすぐに来るがよい。わたしがそなたを護ろう。水の河や火の河に落ちるのではないかと恐れるな」と喚ぶ声がする。この人は、もはや、こちらの岸から「行け」と勧められ、向こう岸から「来るがよい」と喚ばれるのを聞いた以上、その通りに受けとめ、少しも疑ったり恐れたり、またしりごみしたりもしないで、ためらうことなく、道をたどってまっすぐ西に進んだ。（前掲書、一八四―一八五頁）

善導によれば、「東の岸」とは迷いの現実世界を、また「西の岸」とは浄土世界をそれぞれ例えたものである。「水と火の二河《にが》」とは、人間の自己中心主義より起こる貪りや執着の心を水に例え、怒りや憎しみの心を火に例えたものである。それらを二河として捉え、その間にある幅一〇センチ余りの「白い道」は、「水」「火」二河としての、人間の自己中心主義のなかに清らかな信心が、かすかに起こることを例えたのである。この信心の道に、自己中心主義を象徴する波が常に打ち寄せ、自己中心主義を象徴する火がこの信心の道を焼き尽くそうとする。この道は、現実世界から浄土世界へと続いているがゆえに、そこには浄土世界がかすかな形で入り込んでいるのである。このような現実世界は、親鸞において「化身土《けしんど》」として捉えられており、それは「化」を具体的形で示した世界の意味である。その「化」には、「真実ではないもの」という意味と、それを「真実化させる」という両方の意味が込められている。

興味深いのは、旅人がその道を歩むことを決断した時に、東の岸から「その道を行け」と勧める呼び声が聞こえ、西の岸からは「来るがよい」と喚ぶ声を聞いたことである。幅一〇センチほどの「平均台」競技では、有名選手でもしばしば落下する。普通の人間が自分の力だけで、この障害物だらけの「平均台」並みの道を渡りきることは不可能である。彼は、釈迦（釈尊）・阿弥陀仏の声を聞いた後に、この道を進もうと決断したのではない。仏の呼び声は、自己決断した時に初めて聞こえるのである。

旅人がこの道を選択・決定したのは、彼自身の個人の判断によるものであったが、その確たる根拠は自分にはなかった。その判断の実行がゆるぎないものとなるのは、「東の岸」（現実世界）の「行け」という、自己を超えた外部性としての釈尊（釈迦）の声と、「西の岸」（浄土真実世界）の、「来い」という外部性としての阿弥陀仏の声を聞いたことである。幅一〇センチ程度の道を歩み始めるという行動への判断根拠は、自己の外部性としての「超越者」のはたらきにあったのだ。浄土教では、釈迦（釈尊）は阿弥陀仏の教えを万人に伝えるために、この世に生まれた、肉体を持つ存在である。したがって、釈迦は人間の形をとって「預言者」として、阿弥陀仏の救いを語りかける存在である。釈迦はすでに入滅しているため、姿は見えず、声だけが聞こえたのだ。釈迦を通じてあらわれた声は、同時に西の岸にある西方浄土からの阿弥陀仏の声でもあるのだ。

　では何ゆえに、旅人の自己決断と超越的な阿弥陀仏の呼び声が一体化しえたのであろうか。それは、『涅槃經』が「一切衆生悉有仏性《いっさいしゅじょうしつうぶっしょう》」と示しているように、「仏性」（buddha-dhaatu, 仏そのもの）がすべての存在者に内在しているからである。しかしながら浄土教では、その仏性の存在を自分で知ることはできないと捉えている。理由は、自己中心主義という煩悩が、仏性の存在に気づくことを妨げているからである。東岸から西岸に続いている道を選択決定できた根拠は、自分では気づけない仏性の存在にあり、その存在を気づかせたのは、釈迦・弥陀の「呼び声」としての霊性の「はたらき」にある。かくして浄土へ続く道の自己選択・決定は、普遍的なるものと合致する。善導は浄土に到達した「旅人」の喜びを次のように述べている。

釈尊（釈迦）が西方浄土へ往生せよとお勧めになるのを受け、また阿弥陀仏が大いなる慈悲の心をもって浄土へ来たれと招き喚ばれるのによって、今釈尊と阿弥陀仏のお心に信順し、貪りや怒りの水と火の河を気にもかけず、ただひとすじに念仏して阿弥陀仏の本願のはたらきに身をまかせ、この世の命を終えて浄土に往生し、仏とお会いしてよろこびがきわまりない。（前掲書、一八八頁）

旅人が、浄土への道を歩むことを実行し、その道を渡りきれたのは、浄土に生まれたいという願いを起こさせた阿弥陀仏の「廻向発願心《えこうほつがんしん》」によるものである。彼は、阿弥陀仏より差し向けられた、「廻向された願心」の「はたらき」に護られたがゆえに、あらゆる誘惑によって引き返すこともなく、落下することもなく、浄土に生まれることができたのである。

藤場俊基氏が『親鸞の教行信証を読み解くⅡ』（明石書店、六八―六九頁、二〇一二年）で述べているように、この「廻向発願心」は「カーナビゲーション」のように、「わたし」が今どこにいて、どの道を行けば浄土に行けるのかを示してくれるものであるから、「わたし」は迷うことなく、浄土に到達できたのである。この「廻向された願心」は彼を浄土に留めさせない。阿弥陀仏の、人々を救済せずにはおかない「願心」が「わたし」に与えられる（廻向される）と、それは「わたし」だけにとどまることなく、「他者」へのはたらきかけを生み出さずにはおかない。それゆえ、浄土に往生したものは、決してそこにとどまることなく、現実世界に還って他者救済をおこなうのだ。善導は次のように述べている。

また、廻向《えこう》というのは、浄土に往生して後、さらに大いなる慈悲の心をおこして、迷いの世界に還って衆生を救う、これも廻向というのである。（前掲書、一九八頁）

「正統派」浄土教では、現世の命を終えて、浄土に往生し成仏しなければ他者救済活動はできないとされる。だとすれば、菩薩道を歩む人間は、仏となる前に現世において、他者救済活動は不可能となる。この問題の克服の道を提示したのが親鸞であった。

親鸞浄土教と現実世界における人間の活動

「正統派」の浄土教では、真実のさとりを求める者は浄土に往生し、仏となってから人々を救済すると捉えられていた。親鸞は「さとり」と「他者救済」の一体性を現実世界において捉えた。その構造が「往還廻向《おうげんえこう》」と呼ばれるものである（註）。これは、「さとり」をえる道も他者救済の道も、阿弥陀仏の本願力（霊性のはたらき）によってのみ可能となるという意味である。「廻向」とは、親鸞浄土教では、阿弥陀仏が成就した功徳を人間に振り向けることを意味し、煩悩をそなえた人間自身にはその行為は不可能であると考える。この廻向という、外部性としての阿弥陀仏の霊性のはたらき、「自己中心主義の愚かさにめざめよ」という呼び声（南無阿弥陀仏）を、自己の称える念仏の中に聞くことによって、煩悩を具足した人間に自己を客観的にみる新たな自己が生まれ、自己超越が可能となる。

大乗仏教では、「さとり」をひらいて仏になりたいと願う心は「願作仏心《がんさぶっしん》」、すべての人々を救いたいと願う心は「度衆生心《どしゅじょうしん》」と呼ばれ、両者は一体のものである。したがって、浄土に往生して仏になる道を歩むことは、同時に人々の救済活動をおこなうことでなければならない。仏となった者が、現実世界へ還《かえ》って、人々の救済を行うのは仏の当然の行為である。しかし、菩薩としての他者救済活動なしには、仏となることはできない。「さとり」と「他者救済」の一体性の立場に立てば、「さとり」をひらく道を歩むことは同時に他者救済の道を歩むことでなければならない。親鸞はこの一体性を現世において捉えた。それを可能ならしめるのが、阿弥陀仏を主体とした「往相廻向《おうそうえこう》」と「還相廻向《げんそうえこう》」という二種の「廻向」である。

親鸞は、菩薩道を歩む人間が阿弥陀仏の導きによって浄土往生を遂げる道筋を「往相廻向」と捉え、その道筋を退転することなく歩むことが決定したその時に、浄土に往生して成仏することが現世（現生）において確約されると捉えた。この位置に立つ存在者を親鸞は「現生正定聚《げんしょうしょうじょうじゅ》」と規定し、「弥勒におなじ」と呼んだ。「現生正定聚」の位は、五六億七〇〇〇万年後に成仏することが決定している弥勒菩薩と同じであることを意味する。

弥勒菩薩は、「菩薩（bodhisattva）」、すなわち「めざめた生き物」という点では仏とは異なるが、内容においては阿弥陀仏とほぼ同じであり、他者救済の徳にめぐまれている。「めざめた生き物」として弥勒菩薩と同じ内容を持つ、現生正定聚の位に立つ者は、阿弥陀仏の導きを得て、現世において多少なりとも他者救済活動ができるのである。

親鸞は「正定聚の位につき定まるを『往生を得《う》』とはのたまへるなり」（『一念多念証文』）と述べているように、往生を得ることを、現世において捉え、それを正定聚の位につくことと同じであると理解した。また親鸞は、「それ衆生ありて、かの国に生るるものは（生彼国者）みなことごとく正定の聚に住す」という『佛説無量壽経（巻下）』の冒頭の文を次のように読みかえた。「それ衆生あって、かの国（浄土）に生まれんとするものは、みなことごとく正定の聚に住す」（『一念多念証文』）。この「読みかえ」によって、この世での命を終えず、浄土に生まれ仏となっていなくても、浄土に生まれようとする者は、現世において、他者救済のために〝浄土から還《かえ》った〟「還相の菩薩」としての行動が出来るのである。

この「還相の菩薩」こそが、弥勒菩薩と同じ「正定聚」の位についた人間である。「還相の菩薩」は、仏ではないために、不十分さを持っている。それゆえ、衆生救済活動の妨害を防ぐ防護服としての「弘誓《ぐぜい》の鎧《よろい》」を阿弥陀仏によって着装させていただく等の助け（還相廻向）が必要なのである。

阿弥陀仏の「往還廻向」によって、弥勒菩薩と同じ立場に立つ人間を、親鸞は「現生正定聚」

と呼んだ。この言葉は、「命終われば仏となることが、この現実世界において決定している仲間たち」を意味する。このような「仲間たち」は、その生き方自体が他者に深い感銘を与え、人々を真実にめざめさせるはたらきができるのである。親鸞は信心を得て正定聚の立場に立つ者は、現実生活においてその「しるし」（具体的行動）を示せと書簡において強調している。このような人々の社会的活動は、完全なものではないために、自己客体化をつねに可能ならしめる仏の導き（廻向）が存在するのである。

「現生正定聚」とは、阿弥陀仏の智慧の光に照らされて、自己中心主義の愚かさにめざめさせられ、そこから脱却して他者と連帯できる新たな主体的人間である。それはツヴェタン・トドロフが『野蛮への恐怖、文明への怨念』（新評論）で述べているような、「自分から自分の身を引き離し、まるで他者の目を通してであるかのように自分をいわば外側から見ることができるようになる」人間である。そのような人間は、自己の誤りを糺したり、自己の批判者や敵対者の声にも阿弥陀仏の呼び声を聞くことができるのである。

結びにかえて

宗教としての浄土教における決断の構造と、めざめをえた、新たな主体的人間の在り方をみてきたが、そこにはつねに絶対者の霊性のはたらきが存在し、それによって人間は困難な現実にも向き合うことが可能となる。人間は現実世界において、完全者にはなれない。宗教はそれを否定的にみるのではなく、不完全な人間の向上の可能性を保証してくれる。その保証の主体者は、世俗を超えつつ世俗の中ではたらく超越的絶対者である。

現代社会では、一人で決定し、その結果を一人で背負い込み、破滅しても「自己責任」で片づけられる。宗教における絶対者は、自己決定を支え、つねに寄り添い、他者との連帯へと導いてくれる。いかなる社会体制であっても、それ自体は絶対性をもたないにもかかわらず、「体制」を「絶対化」しようとする自己中心主義的力がはたらく。宗教には、この有限的世俗体制の絶対化を相対化する力が存在し、人間の連帯的行動を可能ならしめる力が存在している。社会主義と宗教との共振を考える際に、絶対者と人間の関係、人間を破壊から護り続ける絶対者、世俗的なるものの相対化の視点には、学ぶべきものがあるように思われる。

【註】「往還廻向」については、亀山純生氏が「親鸞における〈浄土の倫理〉と二種廻向論」（『リーラー「遊」』Vol.12、文理閣）で説得的に構造化されているので、参照されたい。

三　仏教における尊厳概念

はじめに

二〇二〇年五月二五日、アメリカ・ミネソタ州で、黒人男性、ジョージ・フロイド氏が白人警官によって窒息死させられた。その蛮行の映像がSNSによって世界に発信されると、人種差別反対運動は一九六〇年代の「公民権運動」以来の広がりを見せ、韓国、オーストラリア、イギリス、フランス、カナダ、日本などにも広がった。アメリカで起こった「黒人の命は大切だ」というBLM運動が世界に広がったのは、経済のグローバル化と「新自由主義」「市場原理主義」の政策によって生まれた「格差社会」が、人間生活の根本を破壊しており、この現実変革のためには、人間の尊厳性回復の必要性が共通に存在するからである。

「公民権運動」を指導したマーティン・ルーサー・キング・ジュニア牧師は、人種差別に抗したアラバマ州モントゴメリーのバス・ボイコット運動によって、一九五六年、「アラバマにおけるバスの人種分離は違憲である」という最高裁判決が下されたのちに、次のように述べている。

新しい黒人は、思考を停止させて服従し、感覚を鈍らせて現状に満足するのはきっぱりと止めたうえで、尊厳と使命があると新たに実感してその姿を現した。モントゴメリーの新しい黒人は、一人の人間であることと自尊心を新たに実感していた。彼らはいかなる犠牲を払っても自由と人間としての尊厳を勝ち取るという決意を新たにしていた。（『ブラック・ライブズ・スタディーズ』、三月社、九二頁、二〇二〇年）

一九六三年のバーミンガムにおいて、祈りを捧げるために行進する数百人の黒人に対して、警察署長ブル・コナーは、行進を指揮していたビラプス牧師に引き返すように命じたが、牧師はそれを丁寧に断った。すると署長は、部下たちに放水のため消火用ホースの栓を開けるよう命じたが、部下たちにはできなかった。それは黒人の誇り高い態度に圧倒されたからだ。

（黒人たちは）膝をつき、コナーの警察犬や警棒や消火用ホースに己の体と魂の力だけで対抗する準備ができていた。黒人たちは恐れることも身動きすることもなく、じっと見つめ返した。そしてゆっくりと立ち上がり、前に進み始めた。コナーの部下たちは、まるで

催眠術にかかったかのように、手にしたホースをだらりとさせたまま後ろにさがった。（前掲書、九四頁）

ここに、「外部からの介入を拒絶」し、警官隊には経験したことがないような、黒人を「差異化」させる「はたらき」、「人間化させるはたらき」を感じることができる。この「はたらき」は黒人の「内在的価値」の「はたらき」であり、黒人の「モノ化」を拒み、抑圧者をも人間化させ、真実にめざめさせる力である。これを尊厳性のはたらきと呼ぶことができよう。このような尊厳の具体的な現れとしての非暴力の行動が、敵対者をも人間化していく姿を「ホースをだらりとさせたまま後ろにさがった」警官隊の行動に見ることができる。

キング牧師は、インド人マハトマ・ガンディーの非暴力運動から多くのことを学んだ。南アフリカにおける、白人によるインド人差別の根幹には、あくなき物質的欲求の追求という、揺るぎない自己中心主義が存在し、それが脅かされる場合には、「西洋近代文明」を守るため「自己防衛の最高の権利」として対象者を政治的に抑圧するという構造が存在していることをガンディーは把握した。この自己中心主義の放棄以外に、人間の平和的共生の道はありえないが、それは「西洋近代」の枠組みには存在しなかった。このような現実の中から生まれたのが、インドの土着思想に基づく、「サッティヤーグラハ」運動である。

「サッティヤーグラハ（satyaagraha）」運動における尊厳概念

一九〇七年、「暗黒法」とインド人が呼んだ、インド人の居住権を剝奪する「アジア人登録法」が南アフリカ・トランスバールの白人政府によって法律となった。この「登録」を拒否すれば、インド人は罰金、投獄、強制送還のいずれかに処せられるのであった。ガンディーはこの「暗黒法撤廃」のための抵抗運動を「サッティヤーグラハ」運動と名付けた。

古代インドのサンスクリット語の「サッティヤ（satya）」とは、「真理」を意味するが、それ以外に、「いかなる危害もない状態」すなわち、非暴力を意味する。その対極にあるのが暴力を合理化する自己中心主義である。また、われわれにはたらきかける「神」や、歴史を超えた真実の「存在」の意味もある。「アーグラハ（aagraha）」は、「喜んで世話をすること、奉仕すること」「固守すること」「熱情」を意味する。

したがって、「サッティヤーグラハ」運動とは、歴史を超えて変化することなき、普遍的実在としての「真理」（神）のはたらき（霊性のはたらき）によって、「自己中心主義」からの脱却をはかり、自他ともに、真理（神）と一体の尊厳性を確立していく、決して屈することのない非暴力運動を意味する。（「サッティヤーグラハ」が、〝真理《神》への奉仕〟、を意味するのと同様に、一八六〇年代の韓国の東学運動創始者・崔済愚の掲げた「侍天主《シチョンジュ》」も〝天《神》への奉仕〟を意

味する）

非暴力とは、ガンディーにおいては「真理」へ達する道であり、「いかなる生きとし生けるものに対しても、苦痛を与えたり、悩ませたり殺害することから離れること」を意味し、社会逃避を意味するものではない。また、「真理」は神と同義であり、すべての人に内在するが、そのはたらきを封じているのが自己中心主義である。これを除く方法は、ガンディーによれば、「今までに出会った最も貧しく、最も無力な人の顔を思い浮かべ」、自分が「意図したことが、その人の役に立つかどうかを自問すること」である。

ガンディーは、ヒンドゥー教の経典『バガヴァッド・ギーター』に述べられているように、神、クリシュナ神はすべての人間に内在するが、同時にこの神は超越的神でもあり、個人に揺さぶりをかける。抑圧する白人にも、クリシュナ神は内在するがゆえに、自己中心主義としての我執を捨てさせれば、相異なる者同士の平和的共生が可能となる。抑圧者としてのイギリス人（白人）と被抑圧者としてのインド人の対立の克服は、一方による他方の屈服によっては不可能である。ガンディーは土着的思想と、直面する差別撤廃の課題とを結合させて「サッティヤーグラハ」運動を展開した。そこには、「欧米近代」にはみられない、外部性としての他者優先、他者を媒介とした「自己超越」、「自他同一」、「人間の二重化」などの視点が存在し、「自己中心主義の愚かさにめざめよ」という「ゆさぶり」をかける霊性のはたらきがみられる。

このような考え方は、ヒンドゥー教徒ばかりでなく、インド人イスラーム教徒も、最終的にはイギリス人も認めるものであった。この運動は、イギリス人の支持もあり、最終的には「暗黒法」を撤廃させ、平和的共生社会の出発点を形成することができた。

キング牧師が、ガンディーの思想に共鳴したのは、そこに特定の宗教をこえた、差別・抑圧を克服し、平和共生の道筋を見出したからであろう。超越的神は、すべての人間に神が内在することを霊性のはたらきによって示し、それによって、敵対者も自己に内在する神にめざめさせられる。このめざめが、人間の尊厳のめざめである。この尊厳にめざめるとき、自己中心主義は崩壊する。この概念を明確に提起したのが大乗経典の『大般涅槃經』である。

『大般涅槃經《だいはつねはんぎょう》』における仏性と尊厳

『大般涅槃経　巻第八』には、「一切衆生悉有仏性（すべての人々には、すべて仏性が内在している）」が述べられている。しかしながら、人々に内在する仏性《ぶっしょう》は煩悩という自己中心主義に覆われているため、自分では見ることができない。この巻第八の最初の部分に譬えとして提示されているのは、貧しい女性が自分の舎内に金蔵があることに気づかず、仏の言葉によって初めてそれに気づかされるという話である。この譬えは、煩悩をもつ人間は、自分の力で自己に仏性が内在することを知ることはできないということである。それを知らせるのは、外部性としての絶対者（仏）の霊性のはたらきに他ならない。

涅槃經における「仏性」とは、サンスクリット語の「ブッダ・ダートゥ（buddha dhaatu）」（仏を成り立たせしめる根本実体）の訳語で、完成体としての「仏そのもの」を意味し、その内容は、エゴイズムを相互関係性の認識へと転じさせる、個物に内在する仏性のはたらきであり、そのはたらきに人々は、「尊くおごそかな、威厳」としての「尊厳性」を感じるのである。

具体的個物としての人間と仏性の関係について、親鸞は次のように述べている。

> 仏性すなはち如来なり。この如来、微塵世界にみちみちたまへり、すなはち一切群生海の心《しん》なり。この心に誓願《せいがん》を信楽《しんぎょう》するがゆゑに、この信心すなはち仏性なり、仏性すなはち法《ほっ》なり、法性すなはち法身なり。法身はいろもなし、かたちもましまさず。（『唯信抄文意』一二五〇年）

〔筆者の口語訳：仏性とは、すなわち仏そのものである。この仏は、数限りないすべての世界に満ち満ちている。それは、すなわちこの世に存在するすべてのものに内在する心《しん》である。人間は、この心において仏による救済の誓いを受け止め信じるのであるから、この信心はすなわち仏性である。この「わたし」に内在する仏性は、超越的世界の仏の霊性のはたらきによって、めざめさせられたものであるから、超越的世界の仏、真如と同一である。超越的世界の仏と「わたし」に内在する仏は、不二一体の関係にある。超越的世界の仏は真如であって、色も形もないのである」

親鸞によれば、超越的世界に存在する真如は、それ自体としては、はたらくことができず、人々を迷いから救済するために自己限定して、個物の形態をとって現実世界に現れる。したがって、この現実世界におけるすべての個物、個々の人間は仏を宿しているのである。それゆえ、外部性としての仏の霊性のはたらき、「自己中心主義の愚かさにめざめよ」という呼び声、人間釈尊において現れた阿弥陀仏の呼び声を聞くとき、煩悩によって仏性が覆われていても、だれでもそれを受け止めることができるのである。そのときわれわれは、仏との一体性、絶対者との一体性にめざめるのである。この状態になることが尊厳性のめざめといえる。

アメリカのバーミンガムでは、祈りを捧げるために行進する黒人たちに、尊厳性の具体的あらわれを見たため、警官隊は放水命令を執行できなかったのである。警官隊は黒人の、「憎しみ」ではなく凛とした姿、尊厳性（仏性、神）の具体的姿に抗しえなかったのである。それは、黒人を弾圧する側の警官隊にも、それを受け止める尊厳性（仏性、神）が内在していることを示している。この仏性は、悪人や仏法を罵る者にも内在しているのである。

浄土経典のなかで最も重視されている『仏説無量寿經』は、「唯除五逆誹謗正法」、すなわち、〝悪を犯したもの、仏法を罵るものは仏の救済からは除外する〟と述べつつも、そのような行為を犯した者も、廻心懺悔すればすべて救済されることが含意されている。それを示すのが善導の『法事讃・上』の「謗法闡提廻皆往」〔筆者の意訳：罪を犯した者も、仏法を罵る者も、廻心懺悔すれば、みな浄土に生まれることができる〕」という言葉である。

その具体例を親鸞は『大般涅槃經』の「梵行品《ぼんぎょうぼん》」を引用しつつ、実父を殺害させた阿闍《アジャ》世《セ》王子の廻心懺悔の意味を説き明かしている。〝「貪欲による錯乱」によって殺害を犯したのであり、その殺害の自覚、懺悔があるから、あなたの行為は罪とはならない〟という話を釈尊から聞かされて、阿闍世王子は「めざめ」を得る。そして、次のように述べる。

世尊、わたしは、もし世尊にお遇いしなかったら、はかり知れない長い間地獄に落ちて、限りない苦しみを受けなければならなかったでしょう。わたしは今、仏をみたてまつりました。そこで仏が得られた功徳を見たてまつって、衆生の煩悩を断ち悪い心を破りたいと思います。（親鸞『顕浄土真実教行証文類（現代語版）』、本願寺出版社、二九六頁）

阿闍世王子は、人間釈尊に仏を見たのである。その仏の呼び声を聞いて、煩悩によって覆われた内在的な仏性は活性化し、加害者であった彼は真実にめざめ、恐れることなく新たな人生の歩みを決意する。尊厳性を回復した阿闍世王子は、釈尊に次のように述べた。

世尊、もしわたしが、間違いなく衆生のさまざまな悪い心を破ることができるなら、わたしは、常に無間地獄にあって、はかり知れない長い間、あらゆる人々のために苦悩を受けることになっても、それを苦しみとはいたしません。（前掲書、二九六頁）

そして、自分の治める摩伽陀《マカダ》国の数限りない人々に無上菩提心（真実のさとりを願う心）を起こさせた。阿闍世は尊厳性を得て、新たな人間に生まれ変わったのである。そして、彼は御殿医師・耆婆《キバ》に次のように述べる。

耆婆よ、わたしは命終わることなくすでに清らかな身となることができた。短い命を捨てて長い命を得、無常の身を捨てて不滅の身を得た。そしてまた、多くの人々に無上菩提心をおこさせたのである。（前掲書、二九七頁）

自己に内在する仏性にめざめさせられた人間は、有限な身体をもちつつも、その心は真実世界（浄土）の仏と同じである。親鸞は、そのような人間を内容において「如来に等し」く、現実の姿として、仏となることが決定している「弥勒に同じ」と位置付けている。「大慈・大悲（広大な他者救済心）」は「仏性」であると『大般涅槃經』は説いているがゆえに、そのような仏性にめざめた人間は、見返りをもとめることなく、他者救済のためにはたらくことができる。このような「めざめ」を得た人間の行動は、仏と一体となった行動であり、「弥勒菩薩」

が行うのと同じ行動である。そこには、「完成」はなく、常に「完成」を目指す「脱皮」が継続するのである。そのような人間の姿にふれた人々が感じる感動的「実感」が尊厳性なのである。

仏性の「めざめ」は、理不尽な現実変革への行動を生み出すものである。自己に内在する仏性にめざめた人間は、外部性としての仏のはたらきによって他者にも、敵対者にも同様に仏性が内在していることに気づかされるのである。ここに、人間の共生の根拠が生まれる。

仏教における仏性＝尊厳性の現代的意義

「西洋近代」は、超越的神を内在化しそれを理性、良心として捉えた。「西洋近代」においては、人間は理性と良心を内に持つ存在であり、それは何ものも奪い去ることはできないものである。内在化された神は、個人の心の中に限定され、個人の良心と一体化する。これが「西洋近代」の個人主義と呼ばれるものである。他方、外部性としての絶対者＝神は、教会権力から引きはがされ、理性と良心を内在する「平等な個人」によって構成される「国民国家」へと移され、世俗国家自体が神的絶対性を身につける。

かくして、「国家の正義」の名のもとに、戦争や植民地支配が正当化される。「理性・良心」を内に持つ個人が、自己を問う場合、自己（個としての我）を突き放して、その自己（個としての我）を見る「もう一人の、新たな自己」を誕生させる絶対者、自己客観化を可能ならしめる外部性としての超越的絶対者は不在となり、「理性・良心」が自己内部で自己を問うことになる。その結果、自己超越（現在の自己を超えること）は不可能となる。このような状態のもとでは、「理性・良心」は容易に「自己中心主義」と一体化しうる。

現代日本では、「尊厳死」という言葉がきかれる。この言葉には、「人間らしく」「私らしく」死を迎えることが含意されるが、そこには自己客体化を欠いた、外部性としての他者との相互関係性を欠いた、「かけがえのないこの私」の強調傾向がみられる。

「人間の尊厳」の概念は、「人間の内的価値」であり、「自律概念」とも深いかかわりを持つことは否定できないが、その場合、超越的存在との相互関係を否定すれば、自己中心主義の枠組みから出ることができない。このような立場に立った主体者としての「人間」に、周囲の者は魂を揺さぶられるような尊厳性を感じることができるであろうか。ここには、この「わたし」を生かそうと必死になって活動している人体諸器官に対する深い感謝・尊敬もなければ、自分と一体化した仏への尊敬の念もなく、自己中心主義しか存在しない。これに固執するのが、「欧米型近代」の思考に他ならない。仏性論は、人間に内在する尊厳性としての仏と、それを自覚させる外部性としての絶対者のはたらきによる、自我固執・我執からの解放の道を示しうるものである。

「西洋近代」には構造的に「優劣」の二項対立的思考、他者拒否の自我中心主義が存在し、それが社会体制と一体化し、あたかも普遍的原理であるかのように世界に広がっている。その究極的なイデオロギーが、今日世界を席巻している「新自由主義」である。ガンディーやキングは、このような「西洋近代」の枠組みを超えない限り、抑圧や差別そのものの撤廃と人間共生の実現は不可能であることと見抜いたのである。この解決の道筋は、内在的絶対者と外部性としての絶対者の弁証法的統一の論理である。この論理に基づく行動が、「西洋近代」には解決できない、相異なる個々人の人間的共生の基盤を提起したのである。

結びにかえて

今日、日本にみられる尊厳論には、内在と超越の相互関係を深化させる視点が希薄であるように思われる。それは、学問そのものが「西洋近代」に特徴的な二項対立的思考から抜け出せていないからであろう。この二項対立的構造からの脱皮をはかる一助となるのが、『大般涅槃經』の「仏性論」であるといえる。

この思想は、一三世紀に「鎌倉新仏教」の代表者の一人である親鸞によって理論化されたが、日本に定着しているとは言い難い。日本の主要な仏教教団の一つである真宗教団は、「体制内化」する過程で、「仏性論」の理論的深化に取り組めなかったのだ。その理由は、「仏性論」が人間の意識化と連帯につながる、反権力イデオロギーとなりうることを恐れたからだ。他の仏教教団においても、それは同じであった。

一九四五年の敗戦後、近代天皇制を支えた「国家神道」の否定と「西洋近代」における個人主義が日本で広がるなかで、知識人の間では宗教を個人の内面の問題に限定したり、宗教を「封建時代の遺物」として捉え、密接なかかわりを敬遠する傾向がみられるようになった。そこには、「西洋近代」は宗教を「止揚（aufheben）」したという幻想があったのかもしれない。それゆえ、尊厳概念を宗教と関連させて深化させる方向性は主流となりえなかったのであろう。

しかしながら、宗教の内容には、非暴力と平和、超越と内在の統一、相互関係性、差異と平等の併存、共同体と個人、友愛、一即多、修復的司法、赦しと和解、など今日の「難問」を解決する概念が多く存在している。これらの概念は、いずれも尊厳性に関わるものである。これらのことがらをみれば、今日においても、宗教と関係づけて尊厳概念を深化させる意義は大きいと言えよう。

ここでとり上げた『大般涅槃經』の「仏性論」には、新自由主義によって社会の底辺に追いやられた「弱者」「被害者」が尊厳性を獲得する勇気づけが存在するばかりでなく、「阿闍世の廻心懺悔」にみられるように、「加害者」「強者」も救済される視点が明確に存在する。またその「仏性論」には、絶対者の内在と超越の相互関係性がみられ、東学の創始者・崔済愚の「侍天主」概念に通じるものが存在する。これらのことをみると、「仏性論」に位置づけられる「尊厳」は、今日の世界における人間の平和的相生を考える際に、「欧米近代」には存在しない明確な方向性があるといえる。

四　親鸞聖人における聖徳太子像と現生正定聚論

はじめに

親鸞聖人には、周知のように、『皇太子聖徳奉賛』（一二五五年、八三歳、「七五首和讃」）、『大日本粟散王聖徳太子奉賛』（一二五七年、八五歳、「一一四首和讃」）、『正像末和讃』におさめられた「皇太子聖徳奉賛」（愚禿善信作、一二六〇年、八八歳、「太子和讃」、「一一首和讃」）のように、聖徳太子を称えた非常に多くの和讃が存在する。そこには、亀山純生氏が指摘するように、「民衆を弥陀二廻向に導き念仏帰依による和の国造りを示した」（『土着的近代研究』創刊号、文理閣、二〇二三年）という聖徳太子讃嘆がみられる。

親鸞聖人は、一〇世紀後半以降の世俗政治権力と仏教勢力（比叡山延暦寺・高野山金剛峰寺と南都六宗の八宗体制）が一体となった民衆抑圧の「顕密体制」における世俗的政治権力者とは異なり、世俗を超え、仏法に基づいて人々を救済するために国づくりをおこなう政治的存在者として、また還相廻向の体現者として、末法時代の宗教者の理想としても、聖徳太子を捉えたのである。聖徳太子は、仏教否定の逆臣「物部守屋」を「有情利益のために」討伐したのち、仏教に基づく「くにづくり」に着手した還相の菩薩でもあった。

聖徳太子は、親鸞聖人にとって、意識変革を通して真宗信心の出発点確立を可能ならしめた存在者であった。それを象徴的にあらわしているのが、磯長《しなが》の御廟（親鸞一九歳）、赤山明神（二六歳）、無動寺大乗院（二八歳）、六角堂（二九歳）で、如意輪観音（その化身としての聖徳太子）の一連の霊告を受けたという信仰体験である。このような主体的な信仰体験抜きに、親鸞聖人の思想を語ることはできない。

親鸞聖人にとって、青年期における仏教認識形成、末法時代における国家（世俗的政治体制）と仏教のあるべき関係、そのような社会における「無戒・名字の比丘」としての宗教者の活動の在り方、共生社会、を教示する存在者が釈尊に対比される聖徳太子であった。この小論では、聖徳太子像を通して、親鸞聖人における現生正定聚論を位置づけてみたい。

親鸞聖人における「夢告」の深化の構造

1 『顕浄土真実教行証文類』「後序」と「夢告」

「欧米型」近代世界では、「理性的自我」が思考の基軸となっており、「自我」の外部性としての「他者」から「自我」見る視点、自己超越の構造については「非合理」の名のもとに、軽視される傾向が強くみられる。これに対して宗教は、「自我」中心ではなく、自己の外部性としての「他者」を基軸にした、相互関係性、差異と平等の併存、異なる者との平和的共生が中心課題となる。このような立場に立つためには、自我固執を超越する宗教的体験が必要である。

それは、他者不在の自我中心主義では超えることのできない課題を打ち破る必要性を感じつつも、その道が見いだせず、苦悩を抱えているときに、「みな諸仏おのおの比丘僧大衆のなかにして、わが（阿弥陀仏）功徳・国土の善を説かしめん。諸天・人民、蜎飛《けんぴ》・蠕動《ねんどう》の類《たぐい》、わが名字を聞きて慈心せざるはなけん」（『浄土真宗聖典』、本願寺出版社、一四三頁、二〇〇七年）と『顕浄土真実教行証文類』「行文類」において述べられているように、有限的個物に絶対者の呼び声を聞くという宗教的体験によって道が開かれる。

それは、最も虐げられた有限的存在者に絶対者の声を聞くという個物の二重化の視点へとつながる。このような視点は、親鸞聖人の思想を観念の世界に閉じ込める、「近代主義」を克服し、現実変革に向き合った親鸞聖人の思想を現代の課題と結合させるために必要である。そのためには、親鸞聖人を自己超越を通して正定聚の位へと至らしめることにおいて、重要な位置を占める「夢告」の宗教的意味を構造的に理解することが必要である。その一連の「夢告」において、聖徳太子は大きな位置を占めている。

親鸞聖人にとって、聖徳太子は日本における阿弥陀仏の化身であり、観世音菩薩・救世観音菩薩でもあった。親鸞聖人は、自己の思想形成において、その夢告が決定的な役割を果たし、顕密仏教体制を超える、ゆるぎない立場に立脚できるようになったことを「後序」において、次のように述べている。

しかるに愚禿釋の鸞、建仁辛酉《けんにんかのとのとり》（一二〇一年）の暦、雑行《ぞうぎょう》を棄てて、本願に帰す。元久《げんきゅう》乙丑《きのとのうし》（一二〇五年）の歳、恩恕《おんじょ》を蒙て『選択』（選択本願念仏集）を書しき。同じき年（一二〇五年）の初夏中旬（陰暦四月）第四日に、「選択本願念仏集」の内題の字、ならびに「南無阿弥陀仏　往生《おうじょう》之《し》業《ごう》　念仏為本」と「釋綽空《しゃくのしゃくくう》」の字と、空の真筆をもって、これを書かしめたまひき。……また夢の告げ（一二〇一年四月五日深夜に、六角堂で救世観音菩薩により受けた女犯偈の夢告）によりて、綽空の字を改めて、同じ日（一二〇五年七月下旬第九日）、御筆をもって名の字を書かしめたまひをはんぬ。（『顕浄土真実教行証文類』「後序」、『浄土真宗聖典』、四七二―四七三頁）

親鸞聖人の思想的転換は、本人自身が上述の「後序」で述べているように、一二〇一年（二九歳）である。それは『親鸞聖人正明伝《しょうみょうでん》』（五天良空、一七三三年）によれば、一二〇一年四月五日のことであり、六角堂で救世観音菩薩の夢告を得たことによって可能となった。観世音菩薩には異名として救世菩薩があり（岩波『仏教辞典』、一四六頁、一九九二年）、両者は内容において異なることはない。観世音菩薩は、阿弥陀仏の慈悲、人々の救済の象徴であり、その二重化された具体的存在者が聖徳太子であった。

親鸞聖人が六角堂で受けた夢告は、『親鸞聖人正明伝』が述べている、「磯長の夢告」（一一九一年、親鸞一九歳）、「赤山明神での女性との出会い」（一一九八年、親鸞二六歳）、「無動寺大乗院での夢告」（一二〇〇年、親鸞二八歳）、の完成として考えられるべきではないだろうか。これらの夢告者は、「磯長の夢告」は観音菩薩・救世観音菩薩の化身である聖徳太子であり、その他は観世音菩薩・救世観音菩薩であり、本質においてすべて同じである。

親鸞聖人は、「後序」において、「建仁辛酉の暦（一二〇一年）、雑行を棄てて本願に帰す」と述べているように、六角堂での夢告（一二〇一年）を経て、他力の信心のゆるぎない出発点、現生正定聚の位に立てたのであった。六角堂での夢告は、何の脈絡もなく生まれたものではなく、そこに収斂する思想的・宗教的深化の歴史が存在している。それを解き明かしてくれるのが、『親鸞聖人正明伝』である。以下において、『正明伝』の「物語」を読み解くことによって、「本願に帰す」という言葉の内容を示したい。

2　六角堂参籠の夢告（一二〇一年）と赤山明神での女性との出会い（建久九年、一一九八年）

六角堂の夢告は、親鸞聖人自身の記述のものは現存せず、『親鸞夢記云』（真佛上人）、本願寺覚如上人の『御伝鈔（上）』第三段（一二九五年）、五天良空の『親鸞聖人正明伝』（一七三三年）巻二上で述べられたものが残されている。夢告の内容は「女犯偈」であること、またこの夢告は親鸞聖人二九歳（一二〇一年）のときのものであることは、すでに定説になっている（佐々木正『親鸞始記』）。『親鸞夢記云』、『御伝鈔』、『親鸞聖人正伝』も、夢告の告命内容は、基本的には同じである。『御伝鈔』には、次のように述べられている。

かの『記』にいはく、六角堂の救世菩薩、顔容端厳《がんようたんごん》の聖僧の形を示現して、白衲《びゃくのう》の袈裟を着服せしめ、広大の白蓮華に端座して、善信（親鸞）に告命してのたまはく、「行者宿報設女犯、我成玉女身被犯、一生之間能荘厳、臨終引導生極楽（行者宿報にして設ひ女犯すとも、我玉女の身となりて犯されん、一生の間よく荘厳して、臨終に引導して極楽に生ぜしめん）」といへり。救世菩薩、善信にのたまはく、「これはこれわが誓願なり。善信この誓願の旨趣《しいしゅ》を宣説して、一切群生にきかしむべし」と云々。（『浄土真宗聖典』、本願寺出版社、一〇四四―一〇四五頁）

この夢告は、真佛上人の「親鸞夢記云」（真宗高田派教学院編・影印『高田古典』第一巻　真佛上人、真宗高田派宗務院、一二五―一二七頁、平成八＝一九九六年）の内容とほとんど同じであり、覚如上人が、「かの『記』にいはく」と述べているように、『御伝鈔』の基盤となるものであろう。この「夢告」には、確かに、妻帯を許す救世観音の言葉が述べられている。しかし、当時、「兄弟子・安居院聖覚や隆寛律師なども妻帯僧」（佐々木正『親鸞始記』）であり、法然上人も妻帯を禁じていなかったわけであるから、結婚自体に悩む必要はないように思われる。

この「夢告」の本質は、「性の問題」に特化・限定されるものではない。その本質は、①顕密体制仏教においても、また社会においても差別された弱者としての女性を二重化し、そこに仏の呼び声を聞くこと、そのことによって生まれる「めざめ」の重要性をかたっていることであり、これは「行文類」の『大阿弥陀経』『平等覚経』の引用（『浄土真宗聖典』、一四三―一四四頁）の内容（個物と仏の二重化）と一致する。②女性とともに家庭生活を送るなかで、その女性を通してあらわれる仏の声に導かれて自己中心主義の愚かさにめざめさせられてこそ、現生において正定聚の位に入り、命終われば涅槃に至ることができるという教示にあるといえる。ここには結婚こそ、通常の家庭生活の形成こそが末法の世において、仏道修行をめざす者が立脚すべき立場であり、そこに在家仏教成立の理論的根拠をみることが出来る。

この「夢告」を理解するためには、そこに至る親鸞聖人の宗教体験の深まりの歩みを捉えることが必要である。それは、『親鸞聖人正明伝』の内容を「歴史的」事実か否かを問うのではなく、その「物語」に込められた信仰の深まりを「宗教的」に読み解くことが必要ではなかろうか。その際に基軸となるのは、磯長の聖徳太子御廟での夢告、赤山明神における女性との出会い、無動寺大乗院での夢告にいたる思想的・宗教的深化に注目することであろう。

親鸞聖人における信仰形成の出発点となるのは、建久二年（一一九一年、一九歳）九月に河内の国、磯長の聖徳太子御廟に参籠し祈願したときの夢告である。親鸞聖人は、「汝の命根は応に十余歳なるべし。命終わりて速に清浄土（西方浄土）に入らん。善く信ぜよ善く信ぜよ真の菩薩を」（『親鸞聖人正明伝』巻一上、一〇〇頁、『真宗史料集成』第七巻、同朋舎メディアプラン、平成一五＝二〇〇三年）という聖徳太子の霊告を受けたが、その「命根」が尽きるとされる一〇年目に六角堂で夢告を受けた。最初の霊告からの一〇年間に親鸞聖人は、価値観を転倒させるような宗教的体験を二六歳のときに受けている。

それは、二六歳のときに赤山明神で女性と出会ったことである。さらに、六角堂参籠を決意させた、大乗院で受けた夢告（二八歳）である。親鸞聖人が赤山明神で出会った女性は、「功徳天女であり本地は如意輪観音」であり、大乗院での夢告を与えたのも「如意輪観音」である。また六角堂の夢告は救世観音菩薩によるものであるが、この菩薩は前述のように如意輪観音の異名であり、内容においては同じである。この、連続的に夢告に現れる菩薩こそが、磯長で聖徳太子より受けた夢告の「善く信ずべき」真の菩薩であったのだ。

『親鸞聖人正明伝（巻一上）』によれば、親鸞聖人は、二六歳の正月に、京都の町から比叡山に帰るときに赤山明神で一人の女性に出会う。この女性は、親鸞聖人に比叡山へ連れて行ってほしいと頼むが、親鸞はいっしょには行けないと、次のように説く。

我比叡山は、……五障の雲晴れざる人は登ることを許さず。……法華経にも、女人は垢

穢にして、仏法の器に非ずと説たまへり。……唯是よりかへらるべし。（前掲書、一〇一頁）

すると、女性は次のように反論する。

伝教ほむの智者なむぞ一切衆生悉有仏性の経文を見たまはざるや。そもそも男女は人畜によるべからず。若この山に鳥獣畜類にいたるまで、女と云ふものは棲ざるやらむ。円頓の中に女人ばかりを除かれなば、実の円頓にはあらざるべし。……法華経に女人非器とは説きながら、龍女が成仏はゆるされたり。（一〇一頁）

親鸞聖人に「太陽から火をとる玉」を渡し、次のように述べる。

是は天日の火を取る玉なり。それ一天四海のうち、日輪より高く尊ものなく、又土石より低く陋《いやし》き土石の玉にうつりてこそ、闇夜を照るの財《たから》とは成なれ。仏法の高根の水、ただ峯に後のみ湛《たたえ》て、何の徳用あらむ。低き陋き谷に降りてこそ、万機を潤す功はあむなし。御僧は末代の智人なるべし。よも此理に迷たまはじ。玉と日と相重なるのことはり今は知たまはじ。（『親鸞聖人正明伝』、一〇一頁）

仏教の教えは、超越的世界にとどまっていては、人々を救済できない。仏教が人々を救済するめには、現実世界に降りてきて、もっとも卑しいものと結合しなければならない。その象徴としての「土石の玉」をこの女性は親鸞聖人に手渡す。この女性こそが、方便法身としての仏であり、如意輪観音であり救世菩薩なのである。「命根一〇年」を迎えた二九歳の親鸞聖人が、六角堂で夢告を受けたのは、この救世菩薩であった。この夢告によって、女性とともに暮らすことによってそこに仏を見出し、その仏によって現実生活の導きを得て、浄土世界へと導かれるのだという宗教的確信を得たのである。その確信は、赤山明神での女性との出会いがなければ不可能であった。

仏の教えは、民衆と一体化する時はじめて、本来の役割を果たしうる。ではどのようにして、仏の教えが民衆と一体化しうるのか。それは法性法身と方便法身の弁証法的統一にある。法性法身（超越的世界に存在する真如）が衆生救済のため自己限定して、現実世界に現れる仏は方便法身と呼ばれる。この両者は不二一体の関係を持ち、法性法身は自己限定し現実世界に現れなければ、人間を救済できない。また、法性法身がなければ、方便法身は活動できない（曇鸞『浄土論註』）。赤山明神において、二六歳の親鸞聖人の前に現れた女性は、方便法身としての仏であり、その仏が末法時代の仏教の真実を語ったのである。

「土石の玉」は社会的弱者を象徴しており、女性はその具現者である。したがって女性を二重化しそこに仏を見出し、その女性とともに暮らすことによってしか、仏法は本来の力を発揮できない。したがって、仏道を志す者が結婚することは、戒律違反ではないばかりか、そのような世俗の生活の場においてこそ、本来の仏法が生きてはたらくのである。ここには、六角堂の参籠時の夢告の暗示が見られる。さらに、聖徳太子による開創と伝えられている六角堂へと親鸞聖人を向かわせたのは、二八歳のときに大乗院での祈願の折に受けた如意輪観音の夢告である。聖徳太子はこの如意輪観の化身であると考えられていた。

3　無動寺大乗院での夢告（親鸞二八歳、一二〇〇年）

磯長の夢告による「命終まで一〇年」の最後の年を迎えることとなったのは、親鸞聖人二八歳のときであり、親鸞聖人は「末代有縁の法と真の知識（指導者）」をもとめる祈願を無動寺大乗院で行う。その折、如意輪観音より次のような夢告を受ける。この夢告は、一二〇一年の六角堂への日参の直接的な契機となるものであった。

結願の前夜、四更（午前一時から三時）に及《および》て、室内に異香薫じ、如意輪観自在菩薩現来したまひて、汝所願まさに満足せむとす、我願も亦満足す、とある告を得て、歓喜の涙にむせびたまふ。是によりて明年（一二〇一年）正月より六角堂精舎へ、一百日の日参をおもひたちたまへり。（『親鸞聖人正明伝』巻一下、一〇二頁）

如意輪観音は、末法五濁の世界を真実世界へと転換することを願っており、そのためにはふさわしい人物と共同作業をすることが必要である。その人物として、親鸞聖人を見つけたから、「わが願いもまた成就する」と観世音菩薩は述べた。この言葉は、観世音菩薩が正定聚の位につかせる人間を見出し、その人間とともに他者救済活動ができるという喜びを示している。

親鸞聖人が「めざめ」をえて自己中心主義から脱却するためには、外部性としての他者、絶対者が必要であった。磯長の夢告、赤石明神で出会った女性の言葉は、この外部性としての絶対者､方便法身としての阿弥陀仏の「はたらき」に他ならなかった。この「はたらき」は、観世音菩薩の「わが願いもまた成就する」という言葉に示されているように、仏と人間の協働を意味し、それによって人間は「めざめ」を得るのだ。これこそが仏の「廻向」、他力廻向に他ならない。廻向の語源が、「構造を変える事（pariṇaama）」を意味するのは、興味深い。正定聚とは、このように自己中心主義的構造が根本的に変革された人々なのである。

親鸞聖人は一九歳の時に「一〇年後の死」を予言され、真の菩薩をもとめよという夢告を得たが、その「九年後」の一二〇〇年一〇月に夢告を得て、その実現の近いことを確信した。このことが契機となり、「一〇年後」の一二〇一年正月から六角堂の如意輪観音のもとに参籠することになる。その折、「計ざるに安居院聖覚法印に逢て、源空上人（法然坊源空）の高徳を聞、わたりに船を得たるこころして、遂に吉水禅坊に尋参たまひけり」（『親鸞聖人正明伝』、一〇二頁)。かくして、親鸞聖人はついに一九歳のときの夢告が述べた「真菩薩」の導きによって、源空上人に到達し、これこそ「六角堂の観世音の利生方便のいたすところ」という実感をえた。このような宗教的体験を得て最終的に到達したのが、六角堂の夢告であった。

4　六角堂参籠における夢告の意義

赤山明神における女性（如意輪観音）との出会いにおいて、「最も低く卑しい『土石の玉』」と「最も尊い仏法」との結合は女性においてあらわれるという暗示が得られた。六角堂で夢告を受けたとき、赤山明神での暗示は、具体的個物としての女性を二重化し、そこに仏の声を聞き、それによって真実へと、現生正定聚の位へと導かれ、命終われば仏となるという確信へと転ぜられた。さらに、女性との結婚は末法五濁の世界において、仏法を生活の中で発展させる正しい道であることの確信を親鸞聖人は得た。

ここには女性を男性より劣った、「性的対象」としてしかみない顕密仏教の克服がみられる。女性とともに家族生活を送ることは、仏とともに暮らすことを意味し、女性に内在する仏のはたらきによって、現生において正定聚の位へと導かれ、命終われば仏となることができるのである。親鸞聖人は、この夢告以前に連れ合いとなるべき女性（恵信尼）と知りあっており、その女性との結婚についての宗教的根拠を求めていたのだ。女性に仏の呼び声を聞くことによって、「真実の道を歩む助けを受け、この世での命が終わるとき、浄土へと導かれるのだ」

という確信を六角堂の夢告は与えてくれたのであった。

親鸞聖人は、仏教は民衆と結びついてこそ本当の力を発揮し民衆を救済できることを、赤山明神で出会った女性に二重化された仏の声を聞くことによって知った。また六角堂の夢告により、女性の二重化による仏の内在化にめざめ、有限的個物としての女性との生活が、仏に導かれ現生において、古き自己中心的自己が崩壊し、新たな自己の誕生をもたらし、いのちおわれば仏となることの確信を得た。磯長の夢告「十年の命根」の意味は、肉体の命終ではなく、めざめを得た新たな自己、現生正定聚の誕生を意味するものであったのだ。

親鸞聖人は、二九歳のとき六角堂で最終的な夢告を得た。それは、一九歳のときの夢告から一〇年目のことであった。「十年の命根」を迎えたにもかかわらず、自分は生きているということは、一連の夢告を経て仏に導かれて、古き自己の価値観が命終し、新たな自己が誕生したことを意味する。

親鸞聖人が一連の夢告をへて到達したのは、「本願成就文」、すなわち「あらゆる衆生、その名号を聞きて信心歓喜せんこと、乃至一念せん。至心に廻向したまへり。かの国に生まれんと願ずれば、すなはち往生を得、不退転に住せん」の主体的把握であったと思われる。「その名号を聞きて」は「夢告を聞いたこと」に対応し、夢告は外部性としての他者・阿弥陀仏のはたらきとしての「至心廻向」に他ならないが故に、信心歓喜が生まれた。「即得往生、住不退転」は、「雑行を棄てて本願に帰す」という正定聚の位に立てた喜びに対応している。

磯長廟は「三骨一廟」と呼ばれ、弥陀三尊が人間の姿となってこの世にあらわれたという思想を表現したものである。それは、聖徳太子の母を阿弥陀仏、太子を救世観世音菩薩、妃を勢至菩薩の弥陀三尊とするものである。したがって、磯長廟から六角堂に至る一連の夢告は、本質において阿弥陀仏の呼び声であるといえる。夢告として、それらの呼び声を聞いたことは、親鸞聖人にとって、「聞其名号」の主体的体験であると言える。『正明伝』の記述には、菩薩の導き（他力）によって、古き自己を超え新たな自己の誕生に向かう信心深化の喜びが感じとられる。六角堂の夢告を経て、親鸞聖人は現生正定聚の位に立つ実感を得たのであろう。その実感を表現したのが、「後序」の「建仁辛酉の暦（一二〇一年）、雑行を棄てて本願に帰す」という言葉である。

正定聚の位に立つという実感は、還相廻向という他者救済と一体のものである。現生正定聚に立脚した還相廻向論の具体的展開は、親鸞聖人八〇歳以降の「御消息」に見られる。それは、善鸞の画策による「専修念仏」の訴訟の時期と重なる。親鸞聖人は、かつて体験した専修念仏弾圧と重ね合わせて、その訴訟の本質を捉えた。その本質とは、団結の阻止と分断による専修念仏者の排除・抹殺である。それに抗するためには、現生正定聚の立場に立った連帯と念仏の社会性を示すことが求められる。そのことは同時に現生正定聚と一体化した、還相廻向の内容を明示することである。親鸞聖人にとって、還相廻向を人々にすすめ、その実践者のモデルとなったのは、聖徳太子であった。

では、何ゆえに聖徳太子は還相廻向の実践者のモデルとなりえたのであろうか。以下において、その点を明らかにしたい。

聖徳太子における仏教理解と政治

1　世俗権力相対化と仏教における否定の論理の受容

聖徳太子が日本の思想史において傑出している点は、儒教倫理とは異なり、仏教による世俗権力の絶対性の否定の論理に立ちきったことである。しかも、聖徳太子は世俗権力者であったにもかかわらず、自らその思想を政治において実践したことである。家永三郎教授は、次のように述べている。

権力者の地位および生命を捨てても「万の民」の「労」を阻止する実践は、権力者の地位の保全を不動の前提とし、その前提の下においてのみ慈恵的な仁政を行うにとどまる儒教的政治道徳とは次元を異にする原理なくしては不可能であったのであり、それは支配者階級の権力的地位の価値を全面的に否定する仏教の否定の論理の受容をまってはじめて可能となったところだったのではあるまいか。（監修家永三郎『日本仏教史』、法藏館、七六―七七頁、昭和四二＝一九六七年）

世俗権力の相対化の論理は、聖徳太子の遺言、「世間虚仮、唯仏是真」にも現れている。世間、世俗的政治権力を「虚仮」とする否定を通してはじめて「仏」の「真実」が明らかとなる。これは、「化身土文類」における、『菩薩戒経』にのたまはく、出家の人の法は、国王に向かひて礼拝せず」に繋がるものである。この立場に、世俗権力者である聖徳太子は立ちきっているのである。

このような世俗権力の相対化の論理を世俗的権力者として、自己の政治的実践を貫くためには、家永三郎教授が指摘するように、「仏典を研究し、呪術としてではない、精神的哲理としての仏教の思想を把握すること」に基づいて、従来の政治体制を変革することが必要であった。その実践のためには、自己の権力をも相対化できる論理、絶対化の否定の論理が求められた。聖徳太子は、仏教思想の主体的把握によって、「はじめて伝統的民族思想にない否定の論理を日本思想史の内に導入することに成功したのであった」（前掲書、七九頁）。

2　聖徳太子と在家主義仏教

また聖徳太子は、のちの在家主義仏教の基礎を築いたともいえる。聖徳太子が法華経、勝鬘経、維摩経の三経を選んだのは、「これらの経典の教義は、出家せずに在俗生活のまま仏教の理想を実現しようとするものだったからである」（吉村武彦『聖徳太子』、岩波新書、一〇七頁、二〇一七年)。

勝鬘経と維摩経は、在俗の信者が経典の主人公で、在俗のまま真理を体得するという話である。また法華経は、人間が実行するいかなる善も、すべてひとしく絶対の境地に帰着することを説く。つまり、厳格な出家主義の仏教を強調するのではなく、人々が菩薩であるとの自覚から、在俗生活において菩薩の道を実践していくことを強調している。厩戸王子(聖徳太子)は、こうした経典の特徴を知りつくして注釈したのであろう。(前掲書、一〇八頁)

親鸞聖人が直面した末法五濁の時代における仏教においては、出家主義は意味をなさず、仏教の基本思想を現実的課題と結合させる状況化のみが基本となる。聖徳太子の在家主義の視点は、親鸞聖人の在家主義、形骸化した戒律主義の否定、へとつながりうる。

在家主義は、仏教の精神と民衆の生活とを結合させ、政治権力への盲目的服従拒否、世俗政治権力の相対化へと密接につながりうるものである。仏教は民衆と結びつかない限り、本当の力を発揮することはできない。聖徳太子の『憲法十七条』には仏教を基軸とした民主化と共生、それらを可能ならしめる世俗政治権力の相対化が貫かれている。以下において、聖徳太子による『憲法十七条』の基本的特徴を見てみたい。

3 聖徳太子の『憲法十七条』と仏教

『憲法十七条』は、今日、聖徳太子によって構築されたものであることは、次のように歴史的にも肯定されている。「『日本書紀』に「皇太子、親肇《みづから》めて憲法十七条作りたまふ」とあるように、『憲法十七条』は、厩戸皇子単独の仕事であったことと関連しているだろう。……なお、『隋書』倭国伝には、冠位一二階制と仏教興隆のことが記載されており、両者が推古朝に実施されたことは疑う余地がない」（前掲書、四七―四八頁）。

『憲法十七条』は、仏教ベースの政治システムを構築したものであり、仏教原理による世俗政治の執行の在り方を述べたものである。それを端的に示すのが、「第一条」である。ここでは、次のように述べられている。

一にいはく、和《やわ》らかなる（打ち解けて相互になごみあう。「自他一如」）をもって貴しとなし、忤《さか》ふる（背き逆らう）ことなきを宗となす。人みな党《たむら》（自分の仲間）ありまた達《さと》れるひと少なし。ここをもってあるひは（ある者）君・父に従はず、また隣里《さととなり》（隣近所）に違へり。しかれども、上和《かみやわ》らぎ下睦《しもむつ》びて、事を論《あげつら》ふに諧《かな》ふときは（執《と》われの心をはなれて話し合うことができるならば）、すなはち事理《こと》おのづからに通ふ。なにの事か成らざらん。（『浄土真宗聖典』、本願寺出版社、一四三三頁、二〇〇七年）

第一条では、前半部分において、政治執行は仏教的相互関係性を基軸とすべきであることが強調されている。後半部分では、相互関係性の立場に立つとき、自己の外部性としての他者尊敬・優先が生じる。後半部分では、指導者自身が率先して実践することによって、差異と平等の併存が豊かな「ひとつ」を形成することが主張されている。相異なる諸臓器の繋がりが一個の人体を形成するように、相異なるものが「ひとつ」を形成するように、異なることを前提として話し合ってこそ、自己中心主義的なとらわれの心を離れて、豊かな「ひとつ」が形成される。そこで必要なことは、政治権力者が自らそれを実践することであり、そのためには仏教の本質を理解し自己をも相対化する実践者でなければならない。ここに還相廻向の実践者の原点を見ることが出来る。

仏教における相互関係性を基礎にして、個々の人間の差異の存在を承認しつつもそれを絶対化せず、平等であり他者優先の立場が必要であることが、第一〇条においても強調されている。

……人の違ふを怒らざれ。人みな心あり、心おのおの執《と》る（我執）ことあり。……われかならず聖《ひじり》にあらず、かれかならず愚かなるにあらず、ともにこれ凡夫《ただひと》ならくのみ。……あひともに賢く愚かなること、鐶《みみがね》の端なきがごとし。ここをもってかれの人瞋《いか》るといへども、

還《かえ》りてはわが失《あやまち》を恐れよ。われ独り得たりといへども、衆《もろもろ》に従ひて同じく挙《おこな》へ。（前掲書、一四三六頁）

ここでは、差異を認めつつ、相互非分離性、人間の凡夫性における平等性が強調されている。また、第一四条では、自己中心主義の立場に固執するとき、他者の智慧に学ぶという方向性は生まれず、それによっては国を治めることは不可能である事が示されている。

親鸞聖人の和讃における聖徳太子像

周知のように、親鸞聖人の聖徳太子にかかわる和讃は、八三歳（『七五首和讃』）、八五歳（『一一四首和讃』）、八八歳（『一一首和讃』）に書かれており、この時期は鎌倉幕府での念仏弾圧の訴訟の時期と重なる。『七五首和讃』には、仏法破壊の「弓削の守屋」に抗する存在者として、聖徳太子を捉え、自己が直面する念仏弾圧とを一体化させている。それは次の和讃にみられる。

如来の遺教を疑謗し／方便破壊《はえ》せむものは／弓削の守屋とおもふべし／したしみちかづくことなかれ。（『皇太子聖徳奉賛』六四、親鸞八三歳）

このような存在者と闘わざるを得なかった人物が聖徳太子であること、このことをのべたのが次の和讃である。

このとき仏法滅せしに／悲泣懊悩（かなしみなやむ）したまひて／陛下に奏聞（もうしあげる）せしめつつ／軍兵を発起したまひき（いくさをおこされた）（六七）

仏法破壊者は、過去に存在しただけでなく親鸞聖人の時代にも現れる。そこには、時代を超えた共通性が存在する。これらの和讃からは次の三点を読み取ることが出来る。

①仏法破壊者＝社会破壊者は、どの時代にも存在し、彼らに取り込まれることなく、闘わねばならない。②親鸞聖人が生きている社会政治体制＝「顕密体制」は、聖徳太子が弓削の守屋と闘った時代と同様に本来の仏教破壊の体制である。③仏法基軸の国づくり（共生社会の構築）は、仏教破壊者を打破したのちに始めなければならない。

このような世俗政治の権力者である聖徳太子は、単なる政治指導者ではなく、仏教思想を深く体現した人物であった。それは、太子が作成した『憲法十七条』にもみられる。親鸞聖人は、『皇太子聖徳奉賛』では、『憲法十七条』第二条を踏まえて次のように述べている。

憲章の第二にのたまはく／三宝にあつく恭敬《くぎょう》せよ／四生のつひのよりどころ／万国たす

けの棟梁なり（七三）

いづれのよ（世）いづれのひとか帰せざらむ／三宝よりまつらずは／いかでかこのよのひとびとの／まがれることをただざまし（七四）

ここでの「三宝」には、真実の教え（仏）、その制度化（法）、それを実行するめざめた集団（僧）、が含意されているようにみえる。ここで明らかになるのは、以下の点である。

①仏法破壊・社会破壊体制の克服として生まれるのが、仏法原理による国づくりであり、その理念が、『憲法十七条』であること、②世俗政治権力は絶対ではない。最終的よりどころとしての仏教、この仏教によらなければ政治的間違いを含めて、この世の間違いは正せない。③それを実践した人物が聖徳太子であり、彼は現生正定聚の立場に立った、社会政治の実行者（還相廻向による実行者）だという高い評価。

これらの点は、顕密体制による親鸞聖人の弾圧体験と三宝を基軸にすることによって、相異なる者が互いに認めあう共生社会の可能性を読み取ることが出来る。このような捉え方の基盤には、「この像（敬田院安置の救世観音）つねに帰命せよ／聖徳太子の御身なり／この像ことに恭敬せよ／阿弥陀如来の化身なり」（四二）にみられるように、聖徳太子を阿弥陀仏の化身として捉え、そこに阿弥陀仏の呼び声を聞くことができたからであろう。

現生正定聚と聖徳太子

『正像末和讃』「皇太子聖徳和讃（一一首和讃）」（愚禿善信作、八八歳）には、親鸞聖人の思想において最も重要な「往還二廻向」と一体の「（現生）正定聚」がふれられている。ここでは、観音の化身として日本に示現し、仏智不思議の誓願をひらいて末法時代の人々を導いた存在として聖徳太子は捉えられている。その聖徳太子によって、人々は正定聚の位へと導かれ、命終われば仏となることが決定している弥勒菩薩のように、他者救済活動ができるのである。そのモデルとなるのが聖徳太子の思想と生き方であり、親鸞聖人は、次にみられる一連の夢告を通じてそれを実感した。

仏智不思議の誓願を／聖徳皇のめぐみにて／正定聚に帰入して／補処の弥勒のごとくなり（八二）

聖徳皇のあわれみて／仏智不思議の誓願に／すすめいれしめたまひてぞ／住正定聚の身となれる（八六）

他力の信をえんひとは／仏恩報ぜんためにとて／如来二種の廻向を／十方にひとしくひろむべし（八七）

1　親鸞聖人における「往還二廻向」の一体性

「正統派」浄土教では、真実のさとりを求める者は命終後、浄土に往生し、仏となってから人々を救済すると捉えられていた。親鸞聖人は「さとり」と「他者救済」の一体性を、阿弥陀仏を媒介させて、現実世界において捉えた。この構造が「往還廻向」と呼ばれるものである。これは、「さとり」を得る道も他者救済の道も、阿弥陀仏の本願力（霊性のはたらき）によってのみ可能となるという意味である。

「廻向」とは、親鸞浄土教では阿弥陀仏が成就した功徳を人間に振り向けることを意味し、煩悩を備えた人間自身にはその行為は不可能であると考える。この廻向という外部性としての阿弥陀仏の霊性のはたらき、「自己中心主義の愚かさにめざめよ」という呼び声（南無阿弥陀仏）を自己の称える念仏の中に聞くことによって、「夢告」を心の耳で聞くことによって、自己を客観的にみる新たな自己が生まれ、自己超越が可能となる。大乗仏教では、「さとり」をひらいて仏になりたいと願う心は、「願作仏心」と呼ばれ、すべての人々を救いたいと願う心は、「度衆生心」と呼ばれ、両者は不二一体のものである。

「欧米型近代」では、死後に現実世界に立ち返った他者救済活動としての「還相廻向」は非論理的と捉え、「往相廻向」が重視される。その場合、「往相廻向」は現実世界から切り離されて、主観内部の問題に矮小化される。従って、社会へのはたらきかけは消滅する。

2 「(現生) 正定聚」と他者救済としての「還相廻向」

仏となった者が、現実世界に還って、人々の救済（利他）を行うことは仏の当然の行為である。しかし、菩薩としての他者救済活動なしには、仏となることはできない。「さとり」と「他者救済」の一体性の立場に立てば、「さとり」をひらく道を歩むことは、同時に他者救済の道を歩むことでなければならない。親鸞聖人はこの一体性を現生において捉えた。

それを可能ならしめるのが、阿弥陀仏を主体とした「往相廻向」と「還相廻向」という二種の廻向である。

親鸞聖人は、菩薩道を歩む人間が阿弥陀仏の導きによって、浄土往生を遂げる道筋を「往相廻向」と捉え、「めざめ」を得てその道筋を退転することなく歩むことが決定したその時に、浄土に往生して成仏することが現生において確約されると捉えた。この位置に立つ存在者を親鸞聖人は「現生正定聚」と規定し、「弥勒におなじ」と呼んだ。「現生正定聚」の位は、五六億七〇〇〇万年後に成仏することが決定している弥勒菩薩と同じであることを意味する。

弥勒菩薩は「菩薩（bodhi-sattva）」すなわち、「めざめた生き物」という点では仏と異なるが、内容においては阿弥陀仏とほぼ同じであり、他者救済の徳に恵まれている。現生正定聚の位に立つ者は、阿弥陀仏の導きを得て、現世において多少なりとも他者救済活動ができるのである。親鸞聖人は、「正定聚の位につき定まるを『往生を得』とはのたまへるなり」（『一念多念証文』）と述べているように、往生を得ることを、現世において捉え、それを正定聚の位につくことと同じであると理解した。

3「正定聚」を現生において捉える根拠

親鸞聖人は、『仏説無量寿経（巻下）』の冒頭の文、「其有衆生、生彼國者、皆悉住於正定之聚（それ衆生ありて、かの国に生るる者は、みなことごとく正定の聚に住す）」を次のように読みかえた。「それ衆生あって、かの国（浄土）に生まれんとするものは、みなことごとく正定の聚に住す」（『浄土真宗聖典』『一念多念証文』、本願寺出版社、六八〇頁、二〇〇七年）。その根拠は、『仏説無量寿経』の異訳である『無量寿経如来会』（下）の次の言葉にあると親鸞聖人は捉えた。「かの国の衆生、もしまさに生まれんもの（彼國衆生、若当生者）」（『浄土真宗聖典』、『顕浄土真実教行証文類』「証文類」、本願寺出版社、三〇八頁、二〇〇七年）。

したがって、この世での命を終えて、浄土に生まれて仏となっていなくても、浄土に生まれようとする者は、現生において他者救済のために「浄土から還った」「還相の菩薩」としての行動ができるのである。この「還相の菩薩」こそが、弥勒菩薩と同じ「正定聚」の位についた人間である。

「還相の菩薩」は仏ではないため、当然ながら不十分さを持っている。それゆえ、衆生救済の妨害を防ぐ防護服としての「弘誓の鎧」を阿弥陀仏によって着装させていただく等の助け・協力（還相廻向）が必要なのである。

4　聖徳太子と親鸞聖人における「現生正定聚」の位についた人間

阿弥陀仏の「往還廻向」によって、弥勒菩薩と同じ立場に立つ人間を親鸞聖人は、「現生正定聚」と呼んだ。この言葉は、「命終われば仏となることが、この現実世界において決定している仲間たち」を意味する。このような人物として、親鸞聖人は聖徳太子を捉えた。「還相の菩薩」としての聖徳太子は、仏教に基づいて、それぞれ差異を持つ人間が平和的に共生できる国づくりという実践をおこなった。親鸞聖人は、還相廻向に活かされた人間の姿を聖徳太子に見た。そのような人間の生き方自体が人々に深い感動を与え、人々を真実にめざめさせるはたらきを生み出すのである。

親鸞聖人は、「現生正定聚」の位についた人間は、以前の自己とは異なる自己へ、他者との関係性のもとにあることを自覚できる自己へと成長すると捉えたのである。それゆえ、次のように、自己中心主義的自己は否定されねばならない。

……煩悩具足の身なればとて、こころにまかせて、身にもすまじきことをもゆるし、口にもいふまじきことをもゆるし、こころにもおもふまじきことをもゆるして、いかにもこころのままにてあるべしと申しあうて候ふらんこそ、かへすがへす不便《ふびん》（心の痛むこと）におぼえ候らへ（『親鸞聖人御消息』二、『浄土真宗聖典』、本願寺出版社、七三九頁、二〇〇七年）

信心を得ると自己客体化が可能となるので、非人間的行動はできなくなる。それゆえ造悪無礙は、亀山純生教授が指摘するように「浄土の倫理」に反することになり、廻向に媒介されて、この振舞を制止する自己努力が必要となる。この自己努力が阿弥陀仏の廻向によるものと捉えることが出来るのである。（亀山純生「親鸞にとっての承久の乱の思想的意義と後高倉和讃の意味」、武蔵野大学仏教文化研究所紀要№39、二〇二三年）

「現生正定聚」の位についた人間は、自己客体化を通して、社会や物事を批判的に見る目が得られる。そのような人間について、次のように述べられている。

仏の御名をも聞き念仏申して、ひさしくなりておはしまさんひとびと（正定聚の位についた人々）は、この世の（「後世の」という表記もある）あしきことをいとふしるし、この身のあしきことをばいとひすてんとおぼしめすしるしも候ふべしとこそおぼえ候へ。（七三九―七四〇頁）

もとこそ、こころのままにてあしきことをもおもひ、あしきことをもふるまひなんどせしかども、いまはさやうのこころをすてんとおぼしめしあはせたまはばこそ、世をいとふしるしにても候はめ。（七四〇頁）

正定聚の位につくと、この世における悪しきことを避けるという視点・態度、自己中心主義を避け、捨てるという視点・態度がうまれる。過去の自己中心主義的な自己を客体化し批判的視点に立てるようになったら、それこそ現実批判の明確な態度が生まれたあかしである。そしてそれが行動を可能ならしめるのである。

「現生正定聚」の人間像は、抽象的概念ではなかった。それは、直接的には親鸞聖人の晩年期における念仏弾圧に抗する連帯構築の必要があったからであり、その視点から聖徳太子が向き合った現実と専修念仏者の現実とを繫ぐことによって、聖徳太子の仏教思想と政治的実践を現生正定聚の位に立つ存在者として捉えることが出来たのである。

5　親鸞聖人における「還相廻向」と社会

親鸞聖人における「還相廻向」と社会との関係を明確に反映しているのが、念仏者に対する訴訟において性信の対処を喜ぶ手紙（『親鸞聖人御消息』二五）である。この手紙では、次のように述べられている（『浄土真宗聖典』第二版、本願寺出版社、七八三―七八四頁、二〇〇七年）。

念仏をとどめられ候ひしが、世に曲事《くせごと》のおこり候ひしかば、それにつけても念仏をふかくたのみて、世のいのりに、こころにいれて申しあはせたまふべしとぞおぼえ候ふ。

［一二〇七年に専修念仏が停止されるという弾圧が後鳥羽院などによってなされましたが、そのような弾圧者たちも、承久の乱（一二二一年）において幕府によって流罪に処せられるような、ありえないことが起こりました。このような時代でありますから、ますます念仏に依拠した生き方が必要になるのです］

このようにと述べたのち、念仏を基軸にした生き方をしている人々に次のように呼びかける。

念仏申さんひとびとは、……朝家《おおやけ》の御ため、国民《くにのたみ》（ひゃくしょう）のために念仏申しあはせたまひそふらはば（念仏の道理にめざめ、真理に従うようになれば）、めでたふさふらふべし。

またわが身の往生一定とおぼしめさんひと（正定聚の位に立つ人）は、仏の御恩をおぼしめさんに、御報恩のために御念仏こころにいれて申して、世の中（仏法の価値に基づいて）安穏なれ、仏法（念仏の価値観）ひろまれとおぼしめすべしとぞ、おぼえ候ふ。

現生正定聚の位に立つ者は、念仏基軸の価値観を世に広め、人々に念仏の価値観にめざめさせる行動を起こす必要がある。念仏者は、聖徳太子を還相廻向のモデルとして捉え、それに倣った生き方をすべきであると親鸞聖人は考え、それを和讃によって語りかけた。

結びにかえて

親鸞聖人が、晩年に膨大な聖徳太子和讃を作成したのは、専修念仏弾圧の後鳥羽上皇らの敗北と物部守屋の敗北を重ね合わせ、念仏弾圧の裁判闘争がありつつも、新たな仏教基軸の新時代を願い、その可能性を聖徳太子の還相廻向に見たからであろう。

親鸞聖人は、性信の念仏弾圧回避の報告に、一般的に喜んだだけではなく、亀山純生氏の指摘のように、「承久の乱後に念仏弾圧の治世に代わる念仏帰依の治世当来に期待したことと重ねていると言えよう。だとすると、『朝家の御ため国民のために念仏申し』も、……単に一般的な国家国民安寧という以上に、念仏を護り念仏が弘まる国家の実現を意味すると思われる」。また「その背景には若き日以来尊崇する聖徳太子の国造りが想定されていたと思われる」(「親鸞にとっての承久の乱の思想的意義と後高倉和讃の意味」、武蔵野大学仏教文化研究所紀要№39)。

私はこの亀山氏のご指摘には全面的に賛同したい。

宗教思想成熟期の親鸞聖人が聖徳太子に見出した仏法に基づく政治、国づくりは、意識変革（往相廻向）と一体の還相廻向の在り方を示すものであった。そこには、民衆弾圧・念仏弾圧の世俗権力者も、仏教（専修念仏）によって阿闍世のように廻心懺悔し、共生社会の実現に貢献することが可能となる道筋がみられ、それを実現するためにも、聖徳太子をモデルとした還相廻向を強調することを意図したのであろうと思われる。

五　浄土教と平和構築

はじめに

すべての宗教は、その根底に非暴力による共生（相生）的平和構築の願いを持っている。この願いは、相互依存性という概念から導き出されるものである。すべてのものは相互に依存しあっているがゆえに、他者を亡ぼせば自分も生存できなくなるのである。キリスト教における「コリント信徒への手紙一二」における「一つの体、多くの部分」では、「体は、一つの部分ではなく、多くの部分から成って」いて、相互依存関係にあるため、機能の異なる各部分が助け合わなければ、「からだ」は健全に存続できないことを述べている。仏教における「空・縁起」、イスラームにおける「タウヒード（tauhiid）」も、同様に相異なるものどうしの相互関係性・相互依存性、非分離性を示す重要な根本概念である。これが非暴力・平和の根拠となる。

南アフリカにおける土着思想としての「ウブントゥ（ubuntu）」も、相互関係性を述べた概念である。デズモンド・ツツ名誉大主教は次のように述べている。

わがアフリカの世界観において、「ウブントゥ」と呼ばれるものがある。南アフリカのコーサ語で、“Umntu ngumtu ngabantu”ということわざがある。これを翻訳するのはとても難しいが、次のように訳すことができる。「人は、人々（他者）を通して人間になる」。われわれは人間となるその仕方を知るために、他者を必要とするのである。もし、他の人間から学ばなかったら、人間としての話し方、歩き方、考え方を知ることはできないであろう。「ウブントゥ」は、人間の本質である。それは、私の人間性はあなたの人間性にどのように不可避的に巻き込まれ、結び付けられているかについて語っているのである。……私は人間となるために他者を必要とする。……われわれが存在するから、私が存在するのである。……われわれは、相互関係性という細やかなネットワーク、仲間の人間、その他の被造物との相互依存性という細やかなネットワークのために創造されているのである。(Desmond Tutu, *God Is Not a Christian*, Rider, pp.21-22,2011)

南アフリカでは、この「ウブントゥ」思想が、宗教、政治思想、人種の違いを超えて人々を団結させ、敵対者をも包み込みつつ、非暴力によって一九九四年にアパルトヘイト体制を撤廃させる役割を果たした。

宗教の根底にある平和構築の思想は、南アフリカにみられるように、非暴力による社会変革に大きく貢献した。今日のアジアにおいて政治的対立を克服し、共生（相生）的な平和構築の具体的前進をはかるために、日韓の宗教者、宗教に関心を持つ人々が「相互関係性」を深める対話を通じて宗教の役割を考えることは、非常に重要であると思われる。今回、私は浄土教経典の『仏説無量寿経』と親鸞の思想を中心として、平和構築に貢献しうる仏教の役割について、考えてみたい。

『仏説無量寿経』における平和構築の前提

浄土経典の『仏説無量寿経《ぶっせつむりょうじゅきょう》』においては、平和構築は重要な課題として明確に示されている。この経典では、自己のさとりと衆生救済のために法蔵菩薩《ほうぞうぼさつ》は四八の誓願《せいがん》をおこし、それが成就して阿弥陀仏となったこと、その阿弥陀仏による衆生救済が説かれている。その第一番目の誓願から四番目までの誓願は、万人が認めうる平和構築の前提を述べたものである。

その第一番目の誓願は、「無三悪趣《むさんあくしゅ》の願《がん》」と呼ばれているものである。その内容は、「わたしが仏になるとき、わたしの国に地獄や餓鬼や畜生のものがいるようなら、わたしは決してさとりを開きません」である。法蔵菩薩の第一番目の誓願が、平和を破壊する「地獄・餓鬼・畜生」の排除であることは、平和の実現の第一歩はここから始めるべきであることを示しているといえる。

われわれの暮らしている現実世界はまさに、平和とは根本的に対立する「地獄、餓鬼、畜生」に満ち溢れた世界である。「地獄《じごく》」とは、人々が憎しみあい、互いに殺しあう紛争・戦争が蔓延する世界であり、「餓鬼《がき》」とは「飢餓の苦しみ」や「貪欲」が蔓延する世界である。これらの苦悩は「畜生」の存在と行動によって具体的に拡大する。なぜなら「畜生」とは、『涅槃経《ねはんきょう》』によれば、「自分が二度と罪をつくらず、人に罪をつくらせない心」、「自ら罪を恥じ、人と天に自らの罪を告白して恥じる心」を持たぬ者、他者の存在を否定した自己中心主義者であるからだ。この自己中心主義が、「自由」の名のもとに一握りの少数者による多数者の富の収奪と抑圧、戦争の合理化を生み出す。一九八〇年代から始まり、一九九〇年代後期以降、露骨に現れるようになった、「新自由主義」「市場原理主義」の本質はこの自己中心主義にある。

「餓鬼」とは、一方では欲望の実現を執拗に、どこまでも求める「新自由主義者」の姿であり、他方ではその収奪の結果生まれる、生活に困窮する民衆の非人間的な現実の姿でもある。このような現実のなかで、政治・経済の支配的位置にある者たちは、さらに収奪を求める「餓鬼」「畜生」となって、「甘言」と「脅し」をつかって人々を戦争へと導く。

したがって、戦争や飢えをなくすためには、人間における自己中心主義を真実心へと転化させることが必要であり、そのためには自己の愚かな姿に「めざめること」が求められる。しかしながら、自己の愚かさに「めざめさせられた」としても、それを持続させ、二度と再び自己中心主義に赴かせないことが必要である。それが、第二番目の誓願「不更悪趣《ふきょうあくしゅ》の願」である。これは、二度と自己中心主義としての「悪」に人々を赴かせないという決意を示す内容である。近代天皇制によるアジアの帝国主義的植民地支配の結末としての日本の「敗戦」を踏まえた、「日本国憲法」（一九四六年公布）が「不更悪趣」と共通の「恒久平和」を掲げているのも、偶然ではない。

この「恒久平和」の実現のためには、人間の平等を保障する基本的人権が国内的にも、国際的にも完備されていなければならない。第三番目の「悉皆金色《しっかいこんじき》の願」は、「すべての人々が等しく最高の尊い存在でなければならない」ことの要請を示すものであり、基本的人権の尊重を意味する。第四番目の「無有好醜《むうこうしゅう》の願」は、異なる国や地域には、様々な人々がいて、思想・宗教・文化にはそれぞれ差異が存在することを承認したうえで、そこに通底する人間的共通性を基軸に置くことの重要性、差異と平等の併存の重要性を述べたものである。

「無有好醜の願」は、サンスクリット原典では、次のように述べられている。「かのわたしの仏国土において、ただ世俗の言いならわしでの名称と表示をもって、〈神々［あるいは］人間たちである〉と数え立てることは別として、神々と人間たちとの区別が知られるようであるならば、その間は、わたしは無上なる正等覚をさとりません（仏とはなりません）。（藤田宏達訳『梵文和訳無量寿経』、法藏館、五八頁、一九七九年）

以上みてきた四つの誓願は、国際的視点に立った恒久平和、基本的人権、差異と平等を保障する法的制度の確立の必要性を思い起こさせる。これらは、侵略戦争の反省と平和の願いに基づく、一九四六年公布の日本国憲法の基本思想としての徹底した平和主義、基本的人権の尊重との共通点も多い。五番目から一〇番目の請願は、平和構築における人間の主体のあり方にかかわるものであり、「国民主権」との共通点が見られる。

平和構築と人間の主体化

人間的な「法的諸制度」が完備されていても、それらが現実の中で具体化されなければ、無意味である。そのために必要なことは、現実の歴史認識と、他者と自己との相互関係性の明確化と「はたらきかけ」としての行動であろう。これらを明示しているのが「六神通《ろくじんずう》」である。これは、仏・菩薩のもつ六種類の、自由自在な活動能力を意味する仏教の概念である。

第五番目から一〇番目までの法蔵菩薩の誓願は、この「六神通」について述べたものである。平和構築のためには、「六神通」と呼ばれる、「すぐれた智慧に基礎づけられた」六種類の「自由自在な活動能力」を身につけることが求められる。それら六つを列挙すれば、次の通りである。

①「自己や他者の過去の歴史を知る能力」を意味する「令識宿命《りょうしきしゅくみょう》の願」、②「自己の外部にある世間すべてを見通す力」を意味する「令得天眼《りょうとくてんげん》の願」、③「自分もその一部を形成する世間一切の苦楽のことば、音を聞く能力」を意味する「天耳遥聞《てんにようもん》の願」、④「他者の考えてい

ることをすべて知る能力」を意味する「他心悉知《たしんしっち》の願」、⑤「自己の外部にある、自己の欲するところへ自由に行くことが出来る能力」を意味する「神足如意《じんそくにょい》の願」、に表現されており、⑥それらを実現するためには根本的に自己中心主義としての「煩悩からの解放の智慧をえること」を意味する「不貪計心《ふとんげしん》の願」が必要となる。

「令識宿命の願」とは、サンスクリット本では「前生の記憶をもつ者となる」と示されているように、歴史認識を身につけることであり、何よりもわれわれ日本人にとっては、近代日本の歴史は、「欧米型近代」をモデルにした、アジアの植民地支配・帝国主義支配の歴史であったことを把握することが必要である。

そのためには、日本の近代はアジアとの密接な繫がりがあること、アジアから日本を見る眼、アジアの中に日本を位置づける眼を持つことが必要である。しかしながら、そのような物事の見方は、今日の日本において育ってはいない。その理由は、敗戦後、アメリカと（旧）ソヴィエト連邦の対立を基軸とする「冷戦構造」が強化され、アメリカによって、日本は社会主義陣営に抗する「防波堤」の役割を担わされる中で、アジア諸国に対する日本の植民地主義・帝国主義支配が政治的に「免罪」され、客観的な歴史を学ぶことが教育の場においても無視されてきたからである。その結果、明治以来の戦争における「犠牲者」の側面と「加害者」の側面が分離されて、前者のみが強調されることとなったのである。

二〇二〇年度の「日本世論調査会」の調査によれば、日本が戦後戦争をしなかった理由に、「憲法第九条」と「戦争の悲惨を訴えてきたことを」を挙げる者が、合計で七〇%を占めるが、他方、「周辺国に対して国民が反省や謝罪の気持ちを持ち続けることが必要か」という問いに対して、「必要ない」という意見は若年層（三〇歳以下）では、五二%にものぼっている（『中日新聞』、二〇二〇年八月二日）。宗教においても、侵略戦争に加担してきたことは、一部を除いて、問われることはなかった。それが全面的に問われるようになったのは、「靖国神社の国家護持」を目的とした「靖国神社法案」（一九六九年）に抗する運動に、宗教教団が取り組み始めてからのことである。

このようにして、戦後間もない時期から植民地支配が厳しく問われなかったことは、「日本軍『慰安婦』」「徴用工」問題の理解を妨げる一因となっている。この問題は、韓半島の植民地主義支配から生まれたものであるがゆえに、「歴史認識」を人々の中に広め、深化させることの意義は大きい。このような過去と不可分に結びついた現実世界の中に、日本を位置づけることとの重要性を語っているのが、「少なくとも十万・百万・千万の世界を見るだけの天眼を得ること」（サンスクリット本）を求める「令得天眼の願」である。現実世界は、単独で存在しない。日本のみが「無謬」で、「常に正しい」という独善的なイデオロギーを払拭するためには、過去を知るばかりでなく、現在においても、アジアをはじめすべての世界との相互関係性の中に日本を位置づけなければならない。これが「令得天眼の願」の趣旨である。

さらに現実世界を知るためには、「他者」の声を聞かねばならない。韓国映画『アイ・ケン・

スピーク（*I Can Speak*）』（二〇一八年）、『鬼郷（*Spiritis Homecoming*）』（二〇一六年）、台湾映画『蘆葦之歌（*Song of the Reed*）』（二〇一五年）から、われわれは「日本軍『慰安婦』」の声を聞くことができる。これらの映画は、第二次世界大戦中に日本政府が、口実として軍務という言葉を用いて、一五歳から二五歳の女性たちを甘言を弄して騙し、脅迫によって性奴隷としてきた現実を、被害者・犠牲者の側から描いたものである。

われわれは、これらの映画から植民地支配・帝国主義支配の非人間的な過酷な現実を知るばかりでなく、苦悩を生き抜いた女性たちの内部に存在する、人間として生きる道の呼び声を聞き取ることができる。これこそが、「天耳遥聞の願」の目指すところである。それらの力を得るだけで満足することなく、さらに必要なことは、実行に移すことである。この実行・行動の必要性を述べているのが、どこへでも行ける「神足如意の願」である。

これらについては、歴史学者・社会科学者・ＮＧＯの活動家たちが常に提起していることであり、これらの学問的成果を学ぶことを通じて、われわれの努力によって一定程度は身に付けることができる。しかし、これらの能力を単なる思考レベルにとどめず、行動へと転化させるためには、自己を超えること、自己への執着心を離れることが必要であろう。自己中心主義からの解放、すなわち煩悩からの解放のためには、自己を超えた自己が肉体的自己を見ること、すなわち自己を客観的に見つめることのできる新たな自己の誕生、が必要である。

「自己を超える」ということは、外部性としての他者との関係性を重視しない「自己」を基軸にした努力によって、可能となるものではない。そのような努力の結果は、観念的な自己超越にすぎず、結局は自己内に留まるものであるからだ。自己を超えるということは、他者との対話・交流の中で、個物としての他者を二重化してそこに絶対者の呼び声――「自己中心主義の愚かさにめざめよ」――を聞くことができてのみ、可能となる。この呼び声を受けとめることによって、「愚かさのめざめ」としての自己客体化、自己を見るもうひとりの自己が誕生するのである。

歴史認識の重要性を説く「令識宿命の願」から、他者へのはたらきかけの重要性を説く「神足如意の願」にいたる五つの誓願は、いずれも外部性としての「他者」優先・他者との不二の関係性、交流が前提となっている。これらの誓願を実現するためには、最終的には、自己中心主義からの解放が必要となる。それが六番目の「不貪計心の願」であり、「六神通」を一体化させる「まとめ」となるものである。この自己中心主義からの解放、自己超越という課題に応えるためには、宗教的世界が必要となる。

宗教的世界の始まりと自己中心主義からの解放

宗教的世界の開始を表現しているのが、第一一番目の「必至滅度《ひっしめつど》の願」である。この願文は次のようなものである。

わたし（法蔵菩薩《ほうぞうぼさつ》）が仏になるとき、わたしの国のものが正定聚《しょうじょうじゅ》の位《くらい》にあり、必ずさとりに至ることができないようなら、わたしは決してさとりを開かない。

「正定聚」とは、「この世の命が終われば、必ずさとりを開いて仏になることが現在決定している、真実にめざめた仲間たち」の意味である。「正定聚」とは、心は浄土（真実世界）に暮らしつつ、身体はこの現世を生き、他者救済活動を行える「還相《げんそう》の菩薩」である。親鸞によれば、このような「浄土を見て、衆生救済のために現実世界に還《かえ》った菩薩」は、「一生補処《いっしょうふしょ》の位（次の生涯には仏となることが出来る位）の弥勒菩薩」と同じである。「一生補処の位」の菩薩は、第二二番目の「還相廻向《げんそうえこう》の願」に述べられているように、阿弥陀仏のはたらきによって、現実世界に還って「自由自在に人々を導くため、固い決意に身を包んで、多くの功徳を積み、すべてのものを救い、……数限りない人々を導いて、この上ないさとりをえさせることもできる」のである。

「正定聚」の位に入ることとは、誰にでも可能なことである。『仏説無量寿経』において阿難《アーナンダ》が人間釈尊を二重化し、釈尊に阿弥陀仏を見たように、われわれの外部に存在する他者、民衆を二重化し、そこに普遍者（絶対者）の呼び声を聞くことによって、自己中心主義的自己を超えて「正定聚」の位に入ることとは、誰にでも可能となる。それは現実逃避ではなく、現実の中で民衆と共に、弱者と共に生きることによって可能となる。そのとき、解放の神学者グスタボ・グティエレス（Gustavo Gutierrez）が述べているように、「かれらは貧しい人びとの顔に顕われ、またかくされている主との出会いを体験するのである」（『解放の地平をめざして』、新教出版社、六〇頁、一九八五年）。

「正定聚《しょうじょうじゅ》」とは、「聚《じゅ》」という言葉が示すように、横一列の、平等な、真実にめざめた、他者のために連帯して主体的に行動できる「仲間たち」であり、それは人種や国境、宗教の違いを超えた「仲間たち」である。平和構築は、このような人びとの自由な交流、対話、コミュニケーションの積み上げと、人びとへのはたらきかけによって可能となる。

宗教に固有の役割は、われわれを超えた外部性としての霊性の「はたらき」にあり、それは、「このままでいいのか？」とわれわれに価値判断、自己変容を迫るものである。平和構築は、このような霊性の「はたらき」による自己主体化と他者との連帯なしには不可能であるように思われる。

親鸞は「正定聚」の位についた人々に対して、「この世のあしきことをいとふしるしも候ふべし（この世界は、社会正義に合致していないという明確な態度表明があってしかるべきだ）」（『親鸞聖人御消息二』）と述べた。「しるし」とは、「微」であり「仏性・仏の現象界への現れ」であり「尊厳性の現れ」である。ここで親鸞は、真実にめざめた人々は、社会に対しても明確な視点（仏の眼）を持つべきであると語っているのである。このような視点は、行動をも含みこみ、人々への「はたらきかけ」と一体のものであろう。

親鸞は、「正定聚」の位についた人々（信・「めざめ」をえた仲間たち）は、「心において」（信の内容において）、「如来とひとし（心は仏と等しい）」と述べ、また「正定聚」の人々は釈迦入滅後五六億七〇〇〇万年を経て仏となることが決定している「弥勒菩薩」と「おなじ（同一）」であると述べている。なぜなら、「正定聚」の人々も、弥勒菩薩と同様にすでに「信」を得ているがゆえに、この世の命が終われば、仏となることが決定しているからである。

「正定聚」の人々が、この世でおこなう他者救済活動としての平和構築の活動は、完全なものではありえない。なぜなら、信をえたこれらの人々は、肉体を持ち煩悩を備えているがゆえに、仏ではないからである。そのような「正定聚」の人々が行う活動は、完全なものではありえないがゆえに、阿弥陀仏の本願力廻向のはたらき、霊性のはたらきによって、完全なものに向かう活動としてうけとめられるのである。

これらの内容（四八の誓願）を総合化したものが、『仏説無量寿経（巻下）』の最初の部分に述べられている「本願成就文《ほんがんじょうじゅもん》」である。「諸有衆生、聞其名号、信心歓喜、乃至一念、至心廻向、願生彼国、即得往生、住不退転。唯除五逆誹謗正法」というこの本願成就文の内容を親鸞は、次のように捉えた。

すべての人々は、〝自己中心主義の愚かさにめざめよ〟という呼び声（南無阿弥陀仏の内容）

を聞いてそれを信じ喜び、受け止めるとき（諸有衆生、聞其名号、信心歓喜）、その信は阿弥陀仏が真の心（至心、まことの心）をもって与えられたものであるから（乃至一念、至心廻向）、真実世界（浄土）へ生まれようと願うと（願生彼国）、たちどころに古い自己中心主義の考え方は死滅して、仏とともに生きる立場に立てるようになり、この世の命が終われば必ず浄土に生まれて仏となることが確定する。そして、この現実世界において、二度と迷いに退転しない「正定聚」の位、「不退転」の位に至るのである（即得往生、住不退転）。ただし、五逆の罪を犯したり、正しい法を謗《そし》るものだけは救いから除かれる（唯除五逆誹謗正法）。しかし、父親を殺害させた阿闍世《アジャセ》のように、廻心懺悔すればすべて救われる。

『仏説無量寿経』では、仏弟子の阿難が人間釈尊を二重化して、釈尊に阿弥陀仏の呼び声を聞くところから基本思想の展開が始まる。これと同様に、「日本軍『慰安婦』」や「徴用工」に仏の声を聞くとき、われわれは主体的な新たな人間に生まれ変わり、戦争への加担の罪の自覚が生まれる。その自覚・めざめは、『涅槃経』の阿闍世王子にみられるように、悪業を根絶する行動、平和実現に向かう行動を促す。親鸞は「謗法《ほうぼう》・闡提《せんだい》廻《え》すればみな行く」と『念仏正信偈』で述べているように、五逆の罪を犯したり、正しい法を謗っても、廻心懺悔《えしんざんげ》すれば、救われるのである。その代表的人物として、親鸞は、父親を殺害させ王位についた阿闍世を取り上げる。阿闍世は、釈尊の導きによって自己の犯した罪を回心懺悔し、命をかけて衆生救済を行う決意を次のように述べている。

わたしは今、仏を見たてまつりました。そこで仏が得られた功徳を見たてまつって、衆生の煩悩《ぼんのう》を断ち悪い心を破りたいと思います。…世尊、もしわたしが、間違いなく衆生のさまざまな悪い心を破ることができるなら、わたしは、常に無間地獄《むけんじごく》にあって、はかり知れない永い間、あらゆる人々のために苦悩を受けることになっても、それを苦しみとはいたしません。（『顕浄土真実教行証文類《現代語版》』、本願寺出版社、二九六頁、二〇〇〇年）

この誓いのもとに、父親亡き後、王位についた阿闍世は他者救済活動をおこない、その結果、自らが統治するマガダ国の数限りない人々は仏のさとりをおこした。そして阿闍世は次のように述べる。

わたしは命終わることなくすでに清らかな身となることができた。短い命を捨てて長い命を得、無常の身をすてて不滅の身を得た。そしてまた、多くの人々に無上菩提心（仏のさとり）をおこさせたのである。（前掲書、二九七頁）

父親を殺害させた阿闍世の姿は、アジアの植民地支配を押し進めた日本の権力者であり、それに協力した日本の民衆の姿と重なる。阿闍世の廻心懺悔に基づく平和実現の行動には、あらゆる苦難を引き受けるという強い確信がある。このようなアジャセの決意は、われわれに求められる平和構築に取り組む基本姿勢でもあるといえる。

霊性のはたらきと人間の主体化

阿闍世は、釈尊の話、すなわち、〝父王殺害は「貪欲による錯乱」によってなされたものであり、「正気」でなされたものでないがゆえに、罪にはならず、彼には慚愧の心があるがゆえに、廻心懺悔をへて新たな人間に生まれ変わることができる〟という道筋を示した釈尊によって、めざめをえることができたのである。釈尊は、「仏性をさとっていない衆生」、「無上菩提心をおこさないすべてのもの」の一人である阿闍世に、「仏性」「無上菩提心」の内在に気づかせた。それゆえ、阿闍世は「めざめ」をえて、主体的に自国の人々にはたらきかけ、平和の実現に貢献できたのである。

「仏性」とは、サンスクリットでは「ブッダ・ダートゥ（buddha dhaatu)」（仏を成り立たせしめる根本実体）の訳語で、完成体としての「仏そのもの」を意味し、その内容は、エゴイズムを相互関係性の認識へと転化させる「はたらき」である。親鸞における「仏性」は仏・如来の意味である。親鸞は具体的個物としての人間と仏性に関係について『唯信抄文意』（一二五〇年）において、次のように述べている。

仏性すなはち如来なり。この如来、微塵《みじん》世界にみちみちたまへり。すなはち一切群生海の心《しん》なり。この心に誓願《せいがん》を信楽《しんぎょう》するがゆゑに、この信心すなはち仏性なり。仏性すなはち法《ほっ》性《しょう》なり、法性すなはち法身《ほっしん》なり。法身はいろもなし、かたちもましまさず。

［筆者の口語訳：仏性とは、すなわち仏そのものである。この仏は、数限りないすべての世界に満ち満ちている。それは、すなわちこの世に存在するすべてのものに内在する心《しん》である。人間はこの心において、仏による救済の誓い（誓願）を受け止め、信じるのであるから、この信心はすなわち仏性である。この「わたし」に内在する仏性は、超越的世界の仏の霊性のはたらきによって、めざめさせれたものであるから、超越的世界の仏、真如と同一である。超越的世界の仏と「わたし」に内在する仏は、不二一体の関係にある。超越的世界の仏は真如であって、色も形もないのである」（『浄土真宗聖典』第二版、本願寺出版社、七〇九―七一〇頁、二〇〇七年）

親鸞においては、法性法身（真如）としての仏は超越的世界に存在し、色も形もない存在者である。この存在者は衆生救済のため、自己限定して個物に仏性として内在化する。しかし、煩悩的存在者は、そのことの自覚を自ら得ることは不可能である。それを気づかせるのは、外部性としての仏である。人間釈尊に二重化された仏の霊性のはたらきが、阿闍世の内部にある仏性に気づかせたのである。その仏性が、仏の呼び声を受けとめその結果阿闍世は新たな人間に生まれ変わり、喜びをもって、他者へのはたらきかけが可能となったのである。これが浄土真実世界を見た者（正定聚の位についた人々）が、現実世界に戻って他者救済を行う（還相廻向）という、二二番目の誓願「還相廻向の願」の筋道である。もちろん、肉体をもつ人間が仏と同じ他者救済を完全に行うことはできないが、それは仏性のはたらき（廻向）に助けられつつ、より完全に向かう他者救済の道をこの世の命が尽きるまで、歩むことができるのである。

このような考え方は、東学の創始者・崔済愚《チェジェウ》の「侍天主《シチョンジュ》」の思想と共通している。崔済愚は「ハヌルニム（天、神様）」の、「汝の心は、私のこころ」という呼び声、霊性のはたらき（至気）によって、自己に神が内部していることにめざめさせられた。ここから、神・人合一による「再び開闢」の道筋が開かれる。

平和構築における人間の主体化に対して、宗教はこのような独自のはたらきをおこなうことができるのである。平和構築は、歴史認識の強調のみでは実現できない。また、鈴木大拙師（一八七九―一九六六年）が『日本の霊性化』（一九四七年）で指摘しているように、核戦争による人間絶滅の「心理的恐怖」と「経済的利益を契機にした」世界平和の理念を進めて行くことのみでは不十分である。なぜなら、このような考え方は、「外面的・統制的・抑圧的傾向をもっている」がゆえに不十分であるからだ。それを克服するためには、「内心からの自主性をもった精神的推進力」が必要である。その推進力となるのが、霊性の「はたらき」であると鈴木大拙師は主張する。

鈴木大拙師によれば、霊性とは形を持たず、分別識（学問的知識・科学的知識）を超えた、分別識では捉えることができない、「無分別識」の「はたらき」に与えられた「仮名《けみょう》」（非実体的な、仮につけた名称）である。霊性を知るためには、霊性と自己とが一体化することが必要である。これは、自己を超えた自己が個別体としての自己をみること意味し、「個己が超個己を通して自らの姿に還ったもの」を意味する。霊性は、肉体的自己を超えさせ、肉体的自己を客体化するはたらきを持つものである。「個己と超個己」の一体化は、仏性の内在化、東学における天（神）と内在的天（神）の一体化と同義である。鈴木大拙師は、このような霊性化された人間こそが、平和建設の主体者になれると考えたのである。この指摘は、今日においても重要な意義を持っている。

現実世界と平和構築

1　末法五濁としての現実世界

平和構築に向かってはたらくためには、現実世界の構造を把握することが必要である。この構造の認識は、日本の仏教においては、末法認識と深くかかわっている。この認識によれば、末法の時代は一〇五二年から始まり、この時代が一万年続くとされる。末法の時代とは、仏の教法のみしか残っておらず、それも次第に衰え、修行によるさとりは得られない時代である。この時代は、親鸞にみられるように「五濁《ごじょく》（五つの濁り）」と一体のものとしてとらえられている。「五濁」の第一番目は、「劫濁《こうじょく》」であり、これは、病気・戦争などの禍《わざわい》が溢れることを意味する。第二は「見濁《けんじょく》」で、自己中心主義思想が盛んになることを意味し、第三は「煩悩濁《ぼんのうじょく》」で、貪欲・怒り・愚痴によって人々が悩まされ続けることを意味する。第四の「衆生濁《しゅじょうじょく》」は、人々の道徳が廃れることを意味し、第五の「命濁《みょうじょく》」は、人々のいのちが、毒におかされて短命となることを意味する。

われわれは、この世界的規模の「末法・五濁」の時代のまっただ中にいることになる。今日の日本における社会・政治の現実はまさに、「末法」そのものであり、戦争法強行に道を開く集団的自衛権容認のための「憲法解釈の変更」、佐川宣寿《さがわのぶひさ》元理財局長らの森友学園をめぐる公文書改ざんの背任罪・公文書変造罪などの不起訴（二〇一八年五月三一日）、河合克行《かわい》元法相と妻・案里《あんり》議員の公職選挙法違反（買収）の疑いによる逮捕（二〇二〇年六月一九日）など、安倍首相との関連が大きく疑われる政治事件が頻繁に起きた。経済分野においても、「コロナ感染」が広がった二〇二〇年一—三月期の大企業の内部留保は、過去最高の四八七・六兆円となっている。安倍政権は、「新型コロナウイルス感染症」感染者数が、東京ばかりでなく主要都市地域でも、日ごとに爆発的に増加しているにもかかわらず、具体策を示すことなく、「経済優先」を貫き、その政権を継承した菅政権も今日の諸課題解決に何ら向き合うことなく、オリンピックまで開催し、新型コロナウイルス感染症を拡大させた。これらの事実は、「末法」時代の内容を具体的に示すものである。

他方、そのような非人間的現実を変革しようと立ち上がる人々の活動も生まれてきている。アメリカ・ミネソタ州ミネアポリスでおきた白人警官による黒人男性殺害に対する抗議デモにみられるように、人種差別反対運動は一九六〇年代の「公民権運動」以来の広がりを見せている。この事件の背後には、人種差別に基づく経済格差が存在し、平均的な黒人世帯の財産は白人世帯の一〇分の一といわれ、新型コロナウイルス感染症の拡大の中で、黒人の失業率が増大しているという現実がある。この人種差別反対運動の根底には、「市場原理主義」に抗する人間回復への願いが存在するがゆえに、アメリカのみならず、国を超えてフランス、カナダ、オーストラリア、韓国、日本にも広がっているのである。これらの運動には、「沈黙は誤り」「沈黙は犯罪」という主体性・倫理性を問うスローガンも現れている。

新自由主義に基づくグローバル資本主義の進行は、地球環境を破壊させるばかりでなく、格差を拡大させ、社会における人間の絆・人間の尊厳を崩壊させている。しかしながら、その現実に抗して、上記のような人間回復を願う新たな方向性も現れ始めているのである。末法の世界は、「五濁」の世界であるが、その内部に「五濁」を打ち破り、人間を回復させようとする方向性、その方向性の現実化による平和構築、を内に秘めた、相矛盾するものが一体となった世界なのである。

2　末法五濁の世界における平和構築の道

日本では一一世紀中期に始まるとされる「末法」時代には、「平安仏教」を代表する比叡山延暦寺・高野山金剛峰寺と「奈良仏教」を代表する「南都六宗」の仏教勢力と世俗的政治権力が相互に補完しあう「顕密体制《けんみつたいせい》」が確固たるものになっていた。多くの荘園と武力をもつ宗教勢力は、自己の安定的存続のために政治権力の支えを必要とし、また世俗政治権力はイデオロギー的支えとして宗教勢力を必要とした。そのイデオロギーは、世俗権力の根幹となる神祇思想を日本的密教によって再編成したものであり、民衆の救済とは程遠いものであった。親鸞が生きた一三世紀においては、仏教は政治との癒着によって形骸化し、民衆の救済には背を向けていた。そのような仏教の状況に対して、体制内の改革や隠遁の道を選ぶものと、それに根本的に抗するものがいたが、後者に対しては、仏教勢力は政治権力と一体となって厳しい弾圧を加えた。

一三世紀の「鎌倉新仏教」は、さとりと人間解放を基底に置き、この体制に抗した。親鸞は自己が暮らす「末法五濁」の現実世界を「化身土《けしんど》」として捉えた。「化身土」という言葉には、〝真実ではない世界〟という意味と、〝仏による真実化のはたらきを受ける世界〟という二重の意味が込められている。

親鸞によれば、「化身土」とは「真仏土《しんぶつど》（真実浄土）」の一部が内部に入り込んだ、二重化された現実世界を意味する。色も形もない真如としての「法性法身《ほっしょうほっしん》」は、われわれのために「方便法身」となって「化身土」、すなわち現実世界に姿を現す。阿難が人間釈尊に仏を見たように、われわれも個々の人間を二重化してそこに仏を見て、仏の言葉――「自己中心主義の愚かさにめざめよ」――を聞くことができるのである。それによってわれわれは、自己客観化が可能となる。

それは経典の把握においても同様であり、現実の苦悩を解決したいという決意をもって経典に向き合うとき、経典の言葉の内部には、真実の仏の呼び声が存在することがわかるのである。その声は、現実から眼をそらさず平和構築の熱望をもつものになら誰にも、聞こえるのである。現実世界は真実世界へと必ず転ぜられるという確信は、このような阿弥陀仏の霊性のはたらきを受け止めることによって可能となる。その時に、平和構築を主体的に受け止めることが始まるのである。

まとめ

平和構築については、相互関係性を基軸にした論理的展開によって、人間が自らの力で一定程度までは押し進めることは可能である。しかしながら、人間には「煩悩」という自己中心主義が存在するため、自己内世界を独力で超えることは不可能であると浄土教は考える。この限界を超えるためには、自己を超えた外部性としての他者＝絶対者のはたらきが必要である。われわれは、絶対者の霊性のはたらき、浄土教では阿弥陀仏の本願のはたらきによって、自己中心主義の愚かさのめざめをえて、個物としての具体的人間に仏の呼び声を聞くことができるようになる。そして、現実世界は真実世界を内に含んでいることがわかるのである。このような「めざめ」によって、人間は迷うことなく、平和実現に向かって歩むことができるのである。ここには、宗教の違いを超えた共通性が存在する。

親鸞は一三世紀に、「末法・五濁」の現実世界を突き破る道筋の根本を『仏説無量寿経』に見出した。現代に生きるわれわれにとっても、浄土教の経典『仏説無量寿経』から、非暴力による平和構築の明確な方向性を読み取ることができる。

宗教的霊性のはたらきは、虐げられたもの、弱きもの、みすてられたものに「絶対者の呼び声」を聞く耳を育ててくれる。人間的疎外が進展する中で、物事を二重化させ、個物の中に普遍を見出すという、本来人間に備わった能力は、今日では弱くなっている。しかし、この能力の活性化こそが平和構築の基盤として求められる。その活性化は、地域に根差した宗教によって、また国を超えた宗教間対話を重ねることによって促されるのである。

第二章　東アジアにおける平和と宗教的実践

一　韓国の群山《クンサン》・東国寺《トングクサ》から非暴力平和の近代を考える

はじめに

二〇一七年春、圓光大学校宗教問題研究所所長・朴光洙教授とソウル大学校統一平和研究院の李贊洙教授から講義の依頼があり、私は喜んで承諾した。講義のテーマは、アジアの平和共同体についてであった。私は五月一一日には、ソウルの聖公会大学校、一二日は益山《イクサン》市の圓光大学校で講義をおこない、学生と討論をおこなった。講義では、一八世紀中期の安藤昌益の「大同思想」とそれを根本から否定する「靖国イデオロギー」の批判を通して、東アジア平和共同体の構築を論じた。

両大学とも、学生諸君はとても熱心で、質問も多く、その内容も現代の課題と一致したものであり、講義後の一時間の討論は一瞬のうちに過ぎた。討議を通して、なによりも感激したのは、右傾化を強めている日本の社会政治的現実を正確に学生は理解しており、日韓市民が平和実現に向けて、ともに「活かしあう」共生（相生）の視点が学生の中に明確に位置づいていることであった。

私が韓国に到着したのは、大統領選挙の前日であった。非暴力による平和と共生（相生）を基軸とした東学思想は、3・1独立運動（一九一九年）、一九八〇年代の民主化運動、一〇〇万人が集まった「ろうそくデモ」、文在寅《ムンジェイン》大統領の誕生へと確実に受け継がれており、若者はそれを体現していること、韓国社会には、近代市民が揺らぐことなく着実に存在していることを実感した。

戦後日本の民主化運動のピークとなったのは、一九六〇年代の「安保闘争」であった。しかしながら、一九六〇年六月一九日においても、国会を取り巻いたデモ参加者は三三万人であった。この両者の参加者数の差は何か？　それは、韓国では東学運動に端を発する土着的近代思想の血肉化が受け継がれているのに対して、日本では沖縄等の一部の地域を除いて、そのような土着思想の血肉化が不在であるからだと痛感せざるをえなかった。

私は、さらに学生と対話し、多くのことを学びたいと思った。圓光大学校の講義を終えて、朴光洙教授、東北大学の片岡龍准教授とともに食事をしているとき、私は朴教授に申し上げた。「来年、朴教授、片岡准教授、それに私の三人で分担講義をして、充分に時間をかけて、学生と討論したいと思います。いかがでしょうか？」。朴先生は、大賛成であった。すると、私の講義にも参加くださった片岡先生も賛同され、こういわれた。「とてもいいですね。討論の時間を保障するために、北島先生、来年の講義は韓国語でやりましょう」。

片岡先生は、二〇一七年一〇月に開催される日韓国際学術大会の打ち合わせのために、圓光大学校に来ておられたのである。片岡先生は、韓国の大学で一年間、教鞭をとられたこともあり、韓国語は堪能である。私は、海外で英語講演の経験は何度かあるものの、韓国語はまったくできない。しかし、考えてみれば、片岡先生の意見は正当であるので、これも貴いご縁だと思い、つい頷いてしまった。なんとか、努力してみようと思っている。

振り返ってみれば、私は西洋語ばかりを学んできた。大阪外国語大学のインド語学科では、ヒンディー語を中心にウルドゥー語も学び、ロシア語も真剣に勉強した。卒業後、フランス語、ペルシア語も独習した。これらは、基本的にすべて「インド・ヨーロッパ語」である。近隣の韓国語、中国語を学ぼうとはしなかったことは、「西洋中心主義」が私の思想のなかに存在していたからであろう。それを克服する手立ての一つとしても、韓国語を学びたいと思う。

しばらくして、朴光洙教授が私にお訊ねになった。「どこか訪れたいところがございますか？」。そこで、日本の植民地支配時代の痕跡がみられる場所を訪問したい旨を申し上げた。すると、朴光洙教授は、「群山《クンサン》の東国寺《トングクサ》をお勧めします。益山からは、あまり遠くありませんよ」と答えられた。群山は人口三〇万人の、全羅北道の主要都市である。私は、植民地支配の時代に、日本に送るため、群山の港に山のように積み上げられた米俵の写真を思いだした。

翌日（五月一三日）、圓光大学校ヨーガ哲学研究所のキム・テへ（Kim Tae Hee）研究員と圓仏教教務のお世話で、自動車で群山に赴いた。群山には、現在、植民地時代の日本家屋一七〇戸が残っている。群山市の管理している「広津邸」を見学したが、かなり立派な家屋である。港の近くには、群山近代歴史博物館があり、二階の展示は、植民地時代の群山を再現している。港の近くには、鉄道線路の痕跡もみられる。恐らく、収奪した大量のコメを運び込んだのであろう。群山近代歴史博物館の幾つかの展示写真や説明を見てみると、植民地支配のもとで、厳しい農民闘争があったことがわかる。

東国寺とアジアの平和

昭和初期の群山の地図を見ると、旧市街地域を出た郊外に、曹洞宗の錦江寺《きんこうじ》がある。これが現在の東国寺である。正面に向かって右側の門柱には、錦江寺という昔の寺号がはめ込まれている。上部の「曹洞宗」の文字は削り取られている。本堂に参拝したが、構造は日本でみられる曹洞宗の寺院と似ている。本堂の左側には、鐘楼がある。その横に、記念碑が二つ並んで建てられている。右側は日本語で、左側は韓国語で書かれていた。

その文章を読み、深い衝撃を受けた。それは、私もよく知っている、日本の曹洞宗の「懺謝文《さんじゃもん》」であった。これは、曹洞宗が戦争責任を懺悔・告白したもので、一九九二年一一月二〇日に曹洞宗宗務総長・大竹明彦師の名のもとに公にされたものである。この記念碑の「懺謝文」

の下の部分をみてみると、次のような言葉が刻みこまれている。

東国寺の開山記念日に、日本の曹洞宗から発表された『懺謝文』（抜粋）を彫り込んだ石碑を東国寺の庭に建てて、除幕式を挙行する。

仏暦二五五六（西暦二〇一二）九月二八日
日本の「東国寺を支援する会」建立　制作　益山市　蓮花石材

「懺謝文」は、曹洞宗が明治以降、太平洋戦争終結まで、政治権力のアジア支配に積極的に加担し、「アジアの人びととその文化を蔑視し、日本の国体と仏教への優越感から、日本の文化を強要し、民族の誇りと尊厳性を損なう行為を行ってきた」こと、またそのような行為を「釈迦牟尼仏と三国伝灯の歴代祖師の御名のもとにおこなってきた」ことの「重大な過ちを率直に告白し、アジア世界の人びとに対し、心からなる謝罪を行い、懺悔」をおこなっている。また、一九四五年の敗戦直後になされるべき「戦争責任への自己批判を怠った」という「怠慢を謝罪し、戦争協力への事実を認め、謝罪」を行っている。さらに、「懺謝文」には、「朝鮮・韓半島」についても、次のような具体的言及がある。

特に朝鮮・韓半島においては、日本が王妃暗殺という暴挙を犯し、李朝朝鮮を属国化し、ついには日韓併合により一つの国家と民族を抹消してしまったのであるが、わが宗門はその先兵となって朝鮮民族のわが国への同化を図り、皇民化政策推進の担い手となった。

これは、曹洞宗宗門が、「仏教を国策という世法に従属せしめ、更に、他の民族の尊厳性とアイデンティティを奪い取るという二重の過ちを犯していた」ことを示すものである。『懺謝文』は、このような日本の犯した植民地支配・戦争に加担した曹洞宗教団の責任の懺悔・告白に基づき、碑文においては「省略」されている部分で、平和実現の方向を、次のように仏教の「空・縁起」思想、共生・相生の実践に見出している。

人も国家も、民族も、それ自体で独立した存在として、他の侵犯を拒絶するものであるが、一方、それ自体が、個として独立的に存在し得るものではない。人も国家も、相互依存関係の中においてのみ存在し得るものである。……仏教においては、他との共生は必然である。他との共存こそが自らの生きる根拠なのである。自を見つめ、自を律し、他とともに生き、他と共に学ぶ生き方こそ仏教の平和思想なのである。われわれは過去において、この視座を見失い、仏教と遠く離れた位置にあった。……われわれは重ねて誓う。二度と同じ過ちを犯さない、と。そして、過去の日本の圧政に苦しんだアジアの人びとに深く謝罪し、権力に与して加害者の側に立って開教にのぞんだ曹洞宗の海外伝道の過ちを深く謝罪するものであ

る。（日本宗教者平和協議会編『宗教者の戦争責任懺悔・告白資料集』白石書店、五二―五三頁、一九九四年）

『懺謝文』碑建立と少女像

東国寺の境内に建立された、日本語と韓国語の『懺謝文』の記念碑は、具体的な平和実現の誓いの取り組みの一つであるといえる。このような取り組みは、日韓の宗教者・市民の協力によるものである。

「懺謝文」を彫り込んだ石碑の建立者が、「日本の『東国寺を支援する会』」となっていることに私は大きな関心を持った。この「支援する会」と東国寺について詳細を知りたいという私の関心に、親友の趙晟桓《チョソンファン》先生（圓光大学校圓仏教思想研究院責任研究員、現在は圓光大学校哲学科教授）は応えて、「東国寺を支援する会」代表である一戸彰晃《いちのへしょうこう》師の著書『曹洞宗は朝鮮で何をしたのか』（皓星社、二〇一二年）の存在を教えてくださった。帰国後、早速この書を入手し、一気に読み終え、幾つかの不明な点が明確になった。

本書によれば、東国寺は、「一九四七年、韓国の仏教者・石門南谷師（一九一三―一九八三年）が払い下げを受け、韓国の別名『東国』に因んで東国寺と命名した。南谷師は、歴史の証言者として、この寺を保存しようと発願した」（『曹洞宗は朝鮮で何をしたのか』、三二二頁）。東国寺は、一九四五年までは錦江寺という名前の日本の曹洞宗寺院であったが、南谷師はこの寺院を破壊から守るために、寺号を変え、韓国の寺院であることを表明し、後ろ盾を得るために韓国の最大の仏教団体曹渓宗・第二四禅雲寺に東国寺を寄進した。「東国寺（錦江寺）は何度も破壊の危機に晒されながら、それをのり越えて今日に至っている。韓国の戦前、戦中、戦後を見続けた証人である」（同、三二三頁）。一九九〇年代には、「日帝強占時代の遺物」を破壊する潮流のなかで、「東国寺も解体の対象になった。それに反対したのが、市民団体と東国寺の僧侶や信者の有志たちだった。かれらは『撤去反対運動』を粘り強く展開し、解体の難を逃れることに成功した」（同、三二三頁）。

東国寺の二名の歴代住職をへて、二〇〇五年に総務（住職）に就任された方が宗杰《チョンゴル》師である。宗杰師は、「どんな経緯があろうと、寺はみなお釈迦様の家である」「わたしには、お釈迦様がついている。なにもおそれるものはない」（同、三二四頁）と語り、肝臓移植を願う人に、自分の肝臓を提供されたこともあり、「仏教の基本『慈悲喜捨（四無量心）』を、そのまま力強く実践されている」（同、三二五頁）。また、「給食費を払えない家庭の子どもに援助も続けて」おられる方である。宗杰師は東国寺の創立記念日を、「払い下げを受けた日」ではなく、朝鮮総督府が錦江寺の寺名公称を認可した「九月二八日」とし、錦江寺の四名の住職と、東国寺の二名の歴代住職を分け隔てなく供養している。

日本における宗教教団の戦争協力に対する自己批判・責任告白をおこなったのは、日本基督教団が一番早く、一九六七年であり、真宗大谷派は一九九〇年、浄土真宗本願寺派は一九九一年、曹洞宗は一九九二年であった。

仏教において「廻心《えしん》・懺悔《さんげ》」とは、自己が犯した罪の赦しを乞い、悪心をひるがえして、新たな人間となって他者救済に邁進することを意味する。したがって、侵略戦争協力に対する自己批判・責任告白は、平和実現のためにはたらくことと一体のものである。このような立場に立った平和実現行動に立ち上がった浄土真宗の僧侶の例は、「小泉首相靖国参拝遺族訴訟」に見ることができる。

小泉首相の靖国参拝（二〇〇一年）に対して、「二〇〇二年九月までに、在日外国人や在韓・在米の戦没者遺族を含めた約二〇〇〇人が、国・小泉首相・靖国神社らを被告として全国六か所の裁判所に」訴訟をおこしたのである（田中伸尚『靖国の戦後史』岩波新書、一九九頁、二〇〇二年）。この共同原告の中には、幾人かの浄土真宗の僧侶が含まれており、彼らは、浄土真宗教団が積極的に戦争協力をおこなったことに対する廻心懺悔の行為として、信仰に基づいて、他の宗教者、特定信仰をもたない人々、在日コリアンをも含み込む、他者との連帯による行動に立ち上がったのである。

「東国寺を支援する会」（代表者・一戸彰晃師）の「懺謝文」碑建立は、戦争責任・廻心懺悔に基づく、東アジア平和共同体を目指す日韓市民連帯の活動の一環であるといえよう。この碑の前には、慰安婦を象徴する少女立像が立っている。「懺謝文」碑と「群山における平和の少女像」は一体となって、観る者に迫ってくる。説明文（英文）には次のように書かれている。

日本は占領期に、従軍慰安婦にするため、罪のない哀れな少女たちをさらった。彼女たちは肉体的にも精神的にも苦悶の日々を送らざるをえなかった。この像は、恥ずべき痛むべき歴史的事実を子孫が記憶し、思い起こし、彼らに受け継いでもらうためのものである。この像は、渚《なぎさ》に立って、両親、兄弟姉妹が暮らしている祖国を見つめる少女を表現したものである。少女は帰りたいと願うが、それはかなわなかった。……二〇一五年八月、彫刻コ・クワン・クック（Kokwang Kook）」

帰ることのできない祖国をみつめる少女の悲しみと苦悩、「懺謝文」における加害者日本人の深い廻心懺悔、が重なり合う。私は、全人種平等・非暴力不服従運動による人種差別のアパルトヘイト体制撤廃（一九九四年）後、南アフリカにおいてネルソン・マンデラ（Nelson Mandera）大統領とデズモンド・ツツ（Desmond Tutu）大主教のはたらきかけによって設置された「真実和解委員会」（一九九六―一九九八年）の公聴会でみられた幾つかの事例を思い起こした。この公聴会では、二万二〇〇〇人の人びとが、自らの経験を語った。そこでは罪もない黒人を虐殺した白人警官の罪の告白、ショッピング・センターの爆破によって、罪もない白人少年を巻き添えにした、アフリカ民族会議の黒人支持者による罪の告白によって、加害者と犠牲者の家族の和解が生まれた事例も紹介されている。息子を白人警官に殺された黒人の母親は公聴会で次のように述べている。

和解という言葉を思い起こす時、私たちが希望するのは、加害者に人間を取り戻してもらうことです。私たちは報復、悪意の連鎖を望みません。ただ、加害者に人間性を取り戻してもらいたいのです。（アレックス・ボレイン著／下村紀夫訳『国家の仮面が剝がされるとき』、第三書館、二一五頁、二〇〇八年）

アフリカ民族会議の支持者の仕掛けた爆弾によってショッピング・センターで息子を殺された白人の父親は次のように述べている。

彼ら（息子を殺した人物と両親）に会って、自分の気持ちを伝えることが出来てとても慰めになった。彼等に、憎んでいないということが出来てとても嬉しかった。もう彼らに恨みはない。……もし自分が相手の境遇に置かれたらどんな気持ちになるだろうと考えるようになりました。選挙権もなく、日々弾圧されたなら……。（前掲書、二一五頁）

ここには、勝者としての「黒人」が「白人」を裁くという構造はない。この基底には、過去の過ちを認識したうえで、南アフリカを一つの複合的統一体として捉え、すべてを相互関係性のもとに捉える「ウブントゥ（ubuntu）」思想が存在する。デズモンド・ツツ大主教は次のように述べている。

「人は他者を通して人間となる」。われわれは、人間となる成り方を学ぶために、他の人びとが必要なのである。というのは、われわれは誰一人として、完全なかたちでこの世界に入る者はいないからである。……われわれにとって、孤独な人間とは、その言葉において矛盾している。……ウブントゥとは、人間であることの本質をかたる言葉である。……ウブントゥは、「私は、関係性をもつがゆえに、存在する」と言っているのである。……われわれは、互いの必要性を知るために異なっているのである。人間であることとは依存関係にあることである。ウブントゥは、寛大さ、受容、慈悲、共有のような精神的属性について語っている。人間は、物質的所有において豊富でありえても、ウブントゥをもたないこともありうるのである。（Desmond Tutu, *God Is Not A Christian*, *Rider*, pp.21-22, 2011）

このウブントゥの内容は東学思想とも相通じるものがある。東学研究の第一人者である圓光大学校教授・朴孟洙先生は次のように述べている。

東学は、……いわゆる「闘いの思想」ではなく、あらゆる矛盾により抑圧されている人々の生命《いのち》を活かすための思想であった。……東学はまた、他者との対立・分裂などを強調するような、……他者を排除する「排外」の思想ではなく、他者との共生・共存を重んじている「共存」の思想であった。

……東学は、最初から「下からの思想」を目指していた。そして社会身分制を否定し、万民平等を主張し、またはたらく民たちを「天主」（神様）として仕える実践を日常の生活の中で重ねていくことを強調した。（『公共的良識人』二〇一二年七月一日、六頁）

欧米中心主義的近代を超える方向性と宗教の役割

1　欧米中心主義的近代に内在する二項対立的思考

すでにみてきたように、アジアにおける平和共同体の構築の基盤となる概念は、相互関係性であり、それは自己の外にある外部性としての他者が前提となる。この世において、すべてのものは異なっており、無限につながり合った他者との共存関係において存在している。ここにおいて、差異と平等の共存関係がなりたつ。アフリカのウブントゥ思想が述べているように、自己の存在は、外部性としての他者の存在なしにはあり得ず、存在においてはすべてのものは平等である。他者の存在は自己発展を可能ならしめるものである。このような思想は、インドの「空・縁起」、イスラームの「タウヒード」、東学の「侍天主」にも共通にみられるものである。これらの諸概念は宗教に通底しているものである。

黒田寿郎教授が『格差と文明』（書肆心水、二〇一六年）で述べておられるように、「自他の二項対立的把握」が前提となる欧米近代の主流思想においては、「自己という主体との関係における外部世界」としての外部性（他者性）は、「自己が求める限りでの」「自己を起源とする」「自己から発せられる限りでの外部性（他者性）」であり、それは主観的観念がつくりだした、自己の支配下にあるものにすぎない。

このような欧米近代の主流思想をエドワード・サイードは「オリエンタリズム」と呼び、その本質は「オリエント（非欧米的世界）に対する西洋の思考の様式」であり、「西洋の支配の様式」であり、そこには「遅れたオリエント（具体的には中東、アフリカ、アジア、ラテンアメリカ等の世界）」と「進歩発展した西洋・アメリカ」という「二項対立」が存在し、前者は後者の植民地主義・帝国主義の指導援助を受けて、「近代化」できるというイデオロギーが存在している。このような二項対立的思考は現在も存続していることを如実に示しているのが、イギリス在住のインド系作家ハニフ・クレイシの小説『ブラック・アルバム』(Hanif Kureishi, *The Black Album*, 1995) である。

かつての植民地インド・パキスタンからのイスラーム系移民に対しては「寛容」であったイ

ギリス社会も、経済的に生活が厳しくなると「同化」を求め、それが拒否されると「排除」を求めるようになる。他者との交流による自己変容を求めない、多くのイギリス人にとって、イスラーム系移民は彼らの世界、「自己」の世界に踏み込まない限りでのみ、その存在が許されるのである。このような理不尽な現実に怒りを感じる多くの若者たちは、自己の文化的アイデンティティを求めて、イスラームに接近する。しかし、「イギリス」的生活の中で暮らしてきたため、本来、インド・パキスタンの日常生活と結びついたイスラームは、観念化され、共生・相生とは異なる二項対立的なものとして捉えられて、「原理主義」者となり、暴力と自滅の道をたどる者も少なくない。今日の「ＥＵ離脱」「反移民」を掲げるヨーロッパの現実は、「自他の二項対立的把握」の根深さを示しているといえる。

二〇一七年三月のオランダの下院選挙（投票率八一％）では、移民やイスラーム教徒の排斥、ＥＵ離脱を掲げる極右・自由党は、議席数を前回二〇一二年の一五から二〇に増加させている。他方、与党の自由民主党は八議席、労働党は二九議席を減らした。フランスの極右「国民戦線」やドイツの極右「ドイツのための選択肢」は、国民の生活不安に付け込んで支持を拡大している。

ドイツの連邦議会選挙（九月二四日）では、「ドイツのための選択肢」は前回（二〇一三年）〇議席から九四議席へと「躍進」している。これらの極右政党の主張は、『世界』（臨時増刊号No.804）で青木昭夫氏が指摘しているように、「トランプの排外主義の政策セット――具体的には反NAFTA・反TPP、イスラーム系移民の制限、減税・インフラ整備」と基本的に同じである。

排外主義的ナショナリズムは、日本にも存在し、二〇一一年には大規模な「嫌韓・嫌中」デモがおこなわれた。二〇一七年の衆議院選挙において、平和憲法破壊を目指す自民党は議席数では「圧倒的勝利」を得た。このような現実は、「先進国」地域において共通にみられ、その根底には植民地主義・帝国主義のイデオロギーとしての「欧米中心主義的近代」(日本においては、そのアジア版として日本中心主義)が存在する。しかしながら、「先進諸国」に共通にみられる排外主義的ナショナリズムの「勃興」は、まじめに現実の問題を解決しようとする意志を放棄したものであり、そこには平和的共生・相生の未来は存在しない。ここには、すでに賞味期限の過ぎた「欧米中心主義的近代」の終焉の始まりがみられる。

2　欧米中心主義的近代を超える道としての宗教の意義

欧米中心主義的近代を超えるためには、板垣雄三教授が「〈伝統と近代〉を問い直すsatyāgraha(真理把握)」(『韓・日共同学術大会報告集』、二〇一七年一〇月二〇—二一日、圓光大学校宗教問題研究所)において指摘しておられる「特定の地域・社会に結び付けられたものではない」、「時代区分において結び付けられて論ぜられるべきものではない」、時代を貫き、底辺で支えるものとしての「スーパー・モダーニティ(超近代)」の視点が重要である。このような視点を具体化するには、「同時代・現代が抱えるアクチュアルな課題を過去に投げかけつつ過去と対話し未来を設計すること」が求められる。

これは平安時代の一〇五二年に始まるとされる「末法」の現実を切り拓く親鸞の視点とも重なり合う。親鸞は『顕浄土真実教行証文類』の「化身土文類」において、『大智度論』を次のように引用している。

釈尊がまさにこの世から去ろうとなさるとき、比丘たちに仰せになった。〈今日からは、教えを依りどころとし、説く人に依ってはならない。教えの内容を依りどころとし、言葉に依ってはならない。真実の智慧を依りどころとし、人間の分別に依ってはならない。仏のおこころが完全に説き示された経典を依りどころとし、仏のおこころが十分に説き示されていない経典に依ってはならない。

……教えの内容を依りどころとするとは、教えの内容に、よいと悪い、罪と功徳、嘘とまことなどの違いをいうことはなく、だから言葉は教えの内容を表わしているものであって、教えの内容が言葉そのものなのではない。言葉に依って教えの内容に依らないのは、人が月を指さして教えようとするときに、指ばかり見て月を見ないようなものである〉。（『顕浄土真実教行証文類《現代語版》』本願寺出版社、五三一頁、二〇〇〇年）

「末法」の世においては、「教（仏の教法）」のみ存在し、「行（実践）」と「証（さとり）」は不可能だと受け止められていた。したがって、「教」の内容の主体的把握が最大の課題となる。『大智度論』から引用されている「教えの内容に依る」という言葉の意味は、釈尊が向き合った現実から生まれた教えに導かれて、われわれが向き合う現実の共通性を主体的に把握することである。これが、『大智度論』の著者と言われている初期大乗仏教の確立者・龍樹《りゅうじゅ》（一五〇―二五〇年頃）が現実に向き合い、釈尊の教えを「空・縁起」として体系化した視点である。

王族・大商人の帰依・経済援助を受け、政治・社会から切り離された僧院中心・出家者中心の部派仏教の改革運動の中で生まれた龍樹は、「他者の救済に徹することによって自らも救われる」という相互関係性を釈尊の言葉に読みぬいたのである。親鸞が生きた平安末期―鎌倉時代は、世俗権力と仏教勢力（比叡山延暦寺・高野山金剛峰寺と南都六宗）が相互に連携した、「顕密体制」の時代であり、そこには民衆救済の仏教は存在しなかった。親鸞の生きた一三世紀という時代は、この体制が盤石の力を誇っていた。ここに「末法時代」の非人間的現実を見た親鸞は、インドの龍樹と同様に、この時代を超える道筋を「教えの内容」の主体的把握にみたのである。

親鸞は、「教えの内容に依る」という問題提起を次のように捉えかえした。すなわち、『仏説観無量寿経』や『仏説阿弥陀経』は二重構造をもつており、表に現れた部分には「自力」の教えが説かれているが、その内部には「他力」の教えが隠されており、ついには『仏説無量寿経』

に至る、「自力」から「他力」への「いざない」、転換が示されていること、そしてその核心となる他力の念仏によって末法の現実は切り拓かれることを明らかにした。他力の念仏とは、自己を超えた外部性としての「他者」である阿弥陀仏による、自己中心主義的な「このわたし」への「めざめ」の働きかけである。それに応えるとき、すなわち自分の称える念仏が、「自己中心主義の愚かさにめざめよ」という阿弥陀仏の呼び声として聞こえるとき、二項対立的思考の愚かさを自覚させられ、他者との共生（相生）を基軸とする生き方へと自己変容が得られるのである。

相互関係性の思想は、一九世紀に世界を席巻する「欧米的近代」に特徴的な二項対立的思考とは異なり、インドの龍樹によって体系化された空・縁起思想、アフリカのウブントゥ思想、イスラームのタウヒード思想、などに通底している。ガンディーが指導したインド独立運動や反アパルトヘイト運動に見られる非暴力・不服従、他者との連帯は、東学思想にも見られるが、これらは、植民地主義・帝国主義支配に抗する中で、相互関係性の思想を現代化したものである。

ここには、単なる「欧米中心主義」に対する対抗概念としての「相互関係性」ではなく、今日の「近代」という枠組みそのものを超えようとする志向性がみられる。その具体例としては、ウブントゥ思想を基軸とした南アフリカの「真実和解委員会」（一九九六―一九九八年）の活動をあげることができる。ここには、すでに示したように、「廻心・懺悔」を通じた和解に基づく新生南アフリカの方向性がみられる。

板垣雄三教授は近代の「原基的核心」として「個の自立と人類的連帯／自由と平等の原理の確立／何よりネットワーク・パートナーシップの思考と行動の意味づけ／合理的で未来設計的な生き方／そして真理の多面性に応じて人々が啓発しあう知識と愛［感謝］の円融調和／そのなかで多様性を発揮する市民たちが公正・安全・平和・共生・清浄・［万物の］の尊厳を保障する政治社会への志向性」をあげ、この核心を「超近代性（Supermodernity）」と名付けておられる（「〈伝統と近代〉を問い直す satyāgraha（真理把握）」、『韓・日共同学術大会　報告書』二〇一七年）。

南アフリカの「真実和解委員会」の活動によって、かつてのアパルトヘイト体制が生み出した相互の憎しみと暴力が和解へと転じられたという事実は、「欧米近代」を超えた実例の一つであろう。また、一八九四年の東学運動における非暴力・共生（相生）の運動は、「3・1独立運動」をへて「ろうそくデモ」に受け継がれ、朴槿恵《パククネ》大統領を退陣させ、文在寅《ムンジェイン》大統領を誕生させせた。ここにも、非暴力・共生（相生）の現実的力を見ることができ、南アフリカ同様に「欧米近代」を超えた具体例をみることができるであろう。また、これらはその地域に根ざした「土着性」と普遍性の融合を示すものであろう。

板垣雄三教授によれば、西暦七世紀に、「東に唐・統一新羅／西にイスラーム国家が登場する動きの中で、いわばアジアの東西に期せずして modernity の基盤をひらく二つの類縁的思想が成立し、社会的に展開するという過程が並行して見られたのである。東方のそれは大乗仏教の華厳思想（ことに法蔵［六四三―七一二］によって体系化されたそれ）であり、西方のそれがイスラームのタウヒードだった」。両者は「徹底した関係主義と多層多角のダイナミックな全体論を結合させる多元的普遍主義の思考という共通基盤をシェアし合うものだった」のである。この七世紀に、「超近代」の原点を見ることができる。

結びにかえて

「欧米的近代」を超える道としての「超近代」は、平和実現に取り組む多様な活動の中で、その具体化が前進する。このような取り組みには、自己反省（自己客体化）が必要である。それは宗教的には「廻心懺悔」によって可能となり、それを引き起こすものは、他力（外部性）としての霊性、浄土真宗的に言えば、如来の本願力のはたらきである。それは、ものごとの本質を把握したと錯覚して、現状に安住しようとするわれわれに対して「このままでいいのか？」と揺さぶりをかけるはたらきである。そのはたらきは、外部からわれわれに迫ってくる。親鸞は、この「外部性」のはたらきについて、『顕浄土真実教行証文類』の「証文類」で次のように述べている。

菩薩が七地《しちじ》においてすべては本来空であると知ると、上に向かっては求めるべき仏のさとりもなく、下に向かっては救済すべき衆生もないと考える。そして以後の仏道修行を捨ててその境地に安住してしまおうとする。そのときに、もしすべての世界の仏がた（十方諸仏）がすぐれた力で勧め励ましてくださらなければ、そのまま自分だけのさとりに閉じこもって、声聞や縁覚と同じになってしまう。（『顕浄土真実教行証《現代語版》』本願寺出版社、三四四—三四五頁、二〇〇〇年）

真実を求めて学問を続ける者も一定の段階に達すると、無意識の内にもその位置に安住しようとする。それは自己判断による、自己変革・社会変革の放棄である。この状態からの脱皮には、自己を超えた「他者」のはたらきかけが必要である。そのはたらきかけは、具体的な、感覚器官の対象となる「他者」によるものであるが、その他者を二重化しそこに「絶対者」の呼びかけ、「自己中心主義のおろかさにめざめよ」という呼び声を聞くとき、その状態からの脱出が可能となる。これが霊性のはたらきと呼ばれるものである。東国寺の慰安婦を象徴した少女像は、「懺謝文」と一体化し、私に「自己中心主義におちいることなく、東アジア実現平和のために連帯しましょう」と呼びかけてくれたのである。

このような呼び声を聞き、それに頷くとき、われわれに「廻心懺悔」が生まれ、われわれは新たな人間となり、他者との「活かしあい」が可能となる。東国寺境内に建立された「懺謝文」碑と「群山における平和の少女像」の一体性を強く感じたのは、そこに東学・ウブントゥ・仏教的空・縁起の共通のはたらきを感じたからであろう。このような霊性のはたらきは、日韓市民による「内からの」「下からの」東アジア平和共同体建設をおしすすめる、すがすがしい勇気をあたえてくれるものであることを実感せざるを得なかった。

霊性のはたらきは、信仰をもつ者には容易《たやす》く理解できるものである。特定宗教をもたない人びとに対しても、このような霊性のはたらきを人間の主体化・意識化という角度から語りかけることが必要であり、そこに宗教者の役割があるように思われる。

二　映画『鬼郷《クウィヒャン》』と平和構築における霊性のはたらき

はじめに

今年（二〇一八年）五月七日―一一日の間、私は圓光大学校《ウォングアンタハッキョ》（益山市）と聖公会大学校《ソンゴンフェテハッキョ》（ソウル市）の講義のため、韓国に滞在したが、たまたま立ち寄った天道教中央総部（ソウル市）の境内端に掲げられた横断幕・「歓迎：第三次南北首脳会談開催」を見た。横断幕が示しているように、確かに、南北首脳会談は初めてのものではなく、「三回目」なのである。第一回目は、金大中《キムデジュン》大統領（当時）と金正日《キムジョンイル》国防委員長（当時）の間で行われた。二〇〇〇年六月にピョンヤンで開催されたこの会談では、「二つの体制、二つの政府を維持する連邦制」が話され、また二〇〇七年一〇月には盧武鉉《ノムヒョン》大統領も、ピョンヤンで首脳会談をおこない、金剛山観光の拡大、京義線鉄道連結などが話し合われた。

今回、その三回目となる南北首脳会談が四月二七日に韓国の板門店で開催され、「板門店宣言」

が発表された。そこには、「朝鮮半島の完全な非核化」と、今年中に朝鮮戦争の「終戦を宣言して停戦協定を平和協定に転換し、恒久的で堅固な平和体制構築」をめざす「南北米または南北米中四者会談の開催」の積極的推進が明記されている。

三つの南北首脳会談からは、東アジア平和共同体構築にかかわる平和実現への願いが強く感じられる。平昌《ピョンチャン》オリンピック開催から今回の南北首脳会談への一連の流れは、韓国において高く評価されている。

東アジア平和共同体の構築を考える場合には、日本にも重要な役割がある。一九世紀中期以降の東アジアの歴史を振り返ったとき、第一に、日本が深いかかわりを持つ植民地主義・帝国主義による抑圧・支配の歴史的事実に対する共通認識の確立が必要であることは言うまでもない。しかしながら、この問題の解決は容易いことではない。なぜなら、植民地主義・帝国主義支配を「近代」の必然的な過程であり、それが社会進歩の普遍的道筋であるという立場に立てば、植民地におけるインフラ整備やコメ増産のための農業改善などは「先進国」の与える「恩恵」となり、支配に対する抵抗運動も、「封建制に固執する無知蒙昧な行動」として、粉砕の対象となるからである。ここには外部性としての他者を無視した、植民地支配者側の自己中心主義の正当化が顕著にみられる。ここからは、共生（相生）的平和の構築は生まれない。

客観的な歴史認識を歪める、このような考え方を克服する道筋は意識変革である。それは自己を超えた、外部性としての「他者」の「はたらき」によって可能となる。その「はたらき」は、われわれに「このままでいいのか」と揺さぶりをかける「はたらき」であり、それは対象の二重化による、個物の中に普遍者の呼び声を聞くことによって可能となる。この「はたらき」は「霊性（spirituality）」のはたらきと呼ばれる。これは、宗教に共通に存在するものであり、直接的には大地に根ざした土着宗教に顕著にみられるものである。

第二次世界大戦終結から一九六〇年代頃までは、途上国世界の民主化運動においては、民族主義・社会主義的な運動が主流となっていたが、南アフリカ、イラン、ラテンアメリカにおいて顕著にみられるように、その運動はしだいに抑圧されていった。このような現実を一変させる運動が一九七〇年代の世界において、共時的に生まれた。その基軸となるのは、それらの地域の大地に根ざした、民衆にもっとも影響のある宗教であった。

南アフリカでは、伝統的土着思想「ウブントゥ（ubuntu）」と結合したキリスト教であり、ラテンアメリカでは貧困・抑圧の現実と土着のシャーマニズムからインパクトを受けた「解放の神学」であり、イランの場合は現実の課題解決の道をイスラームに見出した「イスラーム復興主義」であった。これらの宗教は、非暴力による共生（相生）的平和構築において大きな力を発揮した。ここには、欧米型の近代とは異なった「土着的近代」の視点が顕著にみられる。この視点は、自己の姿を客観化し、自他の相互関係性を明確にするものである。

南アフリカはアパルトヘイト体制を廃棄（一九九四年）し、全人種平等主義に基づく新しい南アフリカの建設、非暴力的な共生（相生）的平和共同体の構築に向けて、新たな一歩を踏み出した。その際、かつての「抑圧者」を「被害者」が裁き、罰をあたえるという「応報的司法」ではなく、「修復的司法」が必要であるという視点が採用されたが、それは土着思想「ウブントゥ」に基づく、「非欧米的近代」の視点と深い繋がりがある。

このような共生（相生）的平和共同体の構築には、宗教的霊性の「はたらき」が重要な役割を果たしている。これは特定地域においてのみ見られるものではなく、個別的でありつつ普遍性をもつものである。その具体例の一つとして挙げられるのが、韓国映画『鬼郷《クウィヒャン》（*Spirits' Homecoming*）』である。

この小論では、映画『鬼郷』に貫かれている、土着宗教のもつ、過去・現在・未来の一体性、肉体と精神の一体性、精神的世界と現実世界の非分離性、加害者・被害者の共生（相生）の可能性は、韓国のみに見られるものではなく、アフリカにも共通のものであり、しかも、このような宗教・思想はアジアの平和共同体構築に対して、現実に大きな役割を果たすものであることを示したい。

映画『鬼郷』のあらすじ

物語は、一人の年配の女性が、元日本軍「慰安婦」金学順《キムハクスン》さんのインタビューを視聴しているところから始まる。その後、すぐ場面は植民地時代の一九四三年の慶尚南道居昌《コチャン》へと変わる。

一四歳の少女チョンミンは、愛情豊かな両親のもとで、楽しい生活を送っている。すると突然、数名の日本兵が家にやってきて、両親の必死の嘆願も無視し、有無を言わさず、無理やり少女を連行していく。

場面は、突然、一九九一年の京畿道揚平両水里の村はずれで行われている、巫女たちの土着的宗教儀式の場に戻る。しばらくして、この年配の巫女のもとへ、一人の母親がウンギョンという名前の少女を連れてやってくる。この少女は、口がきけない。わけを訊ねると、母親は涙ながらに語る。その話によれば、ある日、突然、刑務所帰りの男が家に押し入り、少女をレイプし、それに刃向かう父親を殺害したというのである。レイプされた悲しみ、怒り、屈辱、恐怖、絶望と父親が殺された事が重なり、少女は口がきけなくなり、思い余った母親は、巫女に相談にきたのであった。事情を聴いた巫女は、その娘を預かることにし、自分のところに暮らしている若い巫女エリと共同生活をさせる。エリの話では、この少女は、何かに憑《と》りつかれたように、一人で誰かと話しているかのように、ぶつぶつ言っているとのことであった。

ある日、巫女たちは屋外で宗教儀式をおこない、ウンギョンもその手伝いをしていた。すると、彼女には、見知らぬ一人の男が立っているのが見えた。そこで、彼女は語りかける。

「おじいさん！」

「うん？　わしかね？」

「誰かを捜しに来られたの？」

「いいや、会えたしね。もう行くんだ」

「知っている人なんですか？」

「そう、よく知ってるさ。ところで、お前は誰だい？」

ウンギョンは、儀式の場で線香をそなえている女性に話しかける。

「あのう、おじいさんが伝えてほしいって」

「私に言ったの？」

「はい、白い上着にグレーのズボンをはいたおじいさんが言っています。もう行かないといけないから、早く伝えてほしいって。昔、タンスの内側のすみに、おじいさんが何かを書いたんだって。捨てる前に、必ず見てねって」

「誰が、誰が言ったの？　あ……、お父さん！」

ウンギョウンにのり移った男性は、次のように娘に語りかける。

「長い間苦労を掛けて、悪かった」

「お父さん！」

「旦那さんにも、ありがとうと伝えておくれ」

「お父さん！」

ウンギョンには、このような死者の姿が見え、その死者はウンギョンを通して、娘に語りかけたのである。こんな出来事があってから、ウンギョンは、一人の年配の女性が作った、伝統的なお守り「ケブルノリゲ」に触れた途端に、その女性が体験した過去に行くことが出来るようになる。かくして彼女は、そのお守りに触れることによって、日本兵に連れ去られたチョンミンをはじめ、多くの少女たちが詰め込まれた貨物列車のなかを見ることが出来るのであった。チョンミンはその貨物列車の中で、隣にいる一人の少女と親しくなる。その少女こそ、現在、「ケブルノリゲ」を作っている年配の女性だったのだ。彼女たちは、中国吉林省牡丹江で貨物列車から降ろされて、トラックで「慰安所」へ連れていかれる。それは、一九四三年のことであった。

「夢」から眼をさまし、現実世界に戻ったウンギョンは、「ケブルノリゲ」を作る年配女性に、不思議な「夢」の体験を話す。ウンギョンは、そのお守りに触れた途端、一九四三年の現実世界に入り、銃を持った日本兵を見たこと、そのお守りを見たように思うことを告げる。それを聞いて、その年配女性は過去の過酷な「慰安所」で自由を奪われて、強制的に日本軍慰安婦として働かされていた過去の記憶がよみがえる。

そんなことがあってから、その年配女性は「挺身隊被害申告」の受付が始まった役所へ出向き、自分が日本軍慰安婦であったことを名乗る。

その間にも、ウンギョンは「ケブルノリゲ」に触れるたびに、一九四三年の世界へ入り、「慰安所」で繰り広げられる悲惨な現実を知るのである。「慰安婦」の少女たちも、同情的な日本兵の助けを借りて、脱走を企てるが、それも成就しない。やがて、日本の敗北が間近に迫ってくると、彼女たちはトラックに乗せられ、証拠隠滅のため、人里離れた場所で降ろされて日本兵たちに撃ち殺されようとするが、パルチザン兵士たちの襲撃を受けて、何人かの少女たちは助けられる。

仲良しのチョンミンと「姉さん」(年配の女性)の二人は逃げ延び、やっと助かったと思ったが、深手を負った日本兵に撃たれて、チョンミンは命を落とす。年配の女性は、自分のために日本兵に撃ち殺されたチョンミンに対して、自分だけが生き延びたことに対する深い後悔の念を持ち、それは今も消えることはなかった。

場面は再び、宗教儀式(鬼郷の儀式)が行われている現実に戻る。それは、巫女が死者の魂を呼び戻す儀式であり、多くの人々がそこに集まっている。そこでは、ウンギョンが巫女となって、舞を舞う。その儀式のなかで、年配女性は、巫女ウンギョンに少女チョンミンを見る。ウンギョンは少女チョンミンとなって、その少女時代の「姉さん」に語りかける。二人の魂の対話のなかで、年配の女性は一人だけ生き延びたことを詫びるが、チョンミンはウンギョンとなって戻ってきたことを感謝し、彼女を安心させる。年配の女性の魂も、ようやく現実世界に戻ることができ、安らぎが得られたのだ。

『鬼郷』とアジア平和共同体

1 少女ウンギョンと「慰安婦」の共通項

映画『鬼郷』は、韓国の土着宗教にみられる霊性の「はたらき」を通じて共生（相生）平和のあり方に重要な問題提起をおこなったものである。

冒頭に登場する年配の女性は、かつて日本軍によって強制的に「慰安婦」にされ、現在、重い癌患者であって、残りの人生もわずかしかない。彼女にとって、癌による死の恐怖は、自分の「慰安婦」体験と比較すれば、大きなものではなかった。それほど、その体験は重いものであった。他方、年配の巫女のところへ、母親に連れてこられた少女ウンギョンは、理不尽にも自宅で、刑務所帰りの男にレイプされ、またその男に向かっていった父親は殺される。その恐怖、屈辱、怒り、悲しみのあまり、彼女は口がきけなくなったのである。

年配の、死期の近づいた元「慰安婦」の女性にも、少女ウンギョンにも、人間としての尊厳を踏みにじられた、性暴力被害という共通の、誰にも語ることのできない問題が存在している。そのような共通項がありつつも、二人はその問題について語り合うことが出来ない。それほど、性暴力のもたらす人間性の破壊力は大きいのだ。このような現実を自らの力で打ち破ることは困難である。それを可能ならしめたのが霊性の「はたらき」である。

性暴力被害を克服し、人間性回復をえたいというウンギョンの願いに対して霊性は、はたらきかけ、それによって彼女には不思議な能力が生み出される。それは、現在・過去・未来を一体化させる力であり、現実世界にありつつ、死者と対話できる能力であり、現在と過去を行き来する能力である。この能力を備えた人物が、土着的民衆宗教における巫女である。またウンギョンが、チョンミンと「姉さん」の関係と同様に、同世代の巫女と友達となり、共同生活を送っていることが、その宗教的能力を高めた。

2 霊性の「はたらき」とお守り「ケブルノリゲ」

ウンギョンは、巫女が執り行う行事に初めて参加したとき、不思議な宗教体験をする。それはこの儀式の場に、一人の「おじいさん」があらわれたことである。この「おじいさん」は既に亡くなっているが、ウンギョンにはその姿が見え、彼と対話し、さらにその場にいた彼の娘は、ウンギョンを媒介して、父親である「おじいさん」と対話することが出来たのである。しかしながら、ウンギョンには、この段階では死者を生者に媒介するという能力は与えられてはいるものの、自己の抱える社会的問題を解決するには至っていない。

彼女がレイプを受けた心の傷から解放されることは、同じ体験をした人々の痛みを知り、その痛みを共有することを通じて助け合い、互いに人間性を取り戻すことによって可能となる。このきっかけを与えたのが、「ケブルノリゲ」であった。「ケブルノリゲ」は、どんな困難な状態にあっても、かならずそれを身に着けている者を護ってくれる、土着的な「お守り」である。それゆえ、チョンミンが故郷にいたとき、「おはじき」の勝負に勝って、相手の「ケブルノリゲ」を奪い取ったことに対して、母親は烈火のごとく怒り、それを持ち主に返させたのであった。そんな宗教的「言い伝え」を知らないウンギョンは、年配の女性の作ったお守り「ケブルノリゲ」に触れた途端に、一九四三年に戻る。そこで、ウンギョンは「慰安婦」の現実を目の当たりにし、自分と同じ年頃のチョンミンと「お姉さん」(年配の元「慰安婦」であった女性)と「痛み」を共有できたのである。「ケブルノリゲ」は、ウンギョンを含めて、三人の魂をしっかりつなぎとめる宗教的象徴であった。「ケブルノリゲ」なしに、三人が心を通わせることは不可能であったのだ。

年配の女性が「ケブルノリゲ」を作り続けるのには、理由があったのである。彼女が生きて帰れたのは、貨物列車の中で友達になったチョンミンのやさしさと、彼女にもらった「ケブルノリゲ」の力によるものであり、自分のために命を捨てたチョンミンへ哀悼を捧げるためであった。また、肉体だけがこの世界に帰ったことへの癒しのためでもあった。この「ケブルノリゲ」が、ウンギョンと年配の女性とチョンミンを繫いだのである。年配の女性が、日本軍「慰安婦」であることを役所に名乗り出たのは、ウンギョンとの出会いによるものであり、「ケブルノリゲ」の力によるものであった。

しかし、年配の女性は、「ケブリノリゲ」を作り続け、「慰安婦」の名乗りをおこなっても、本当の心の安らぎは得られなかった。それを可能ならしめたのは、巫女となったウンギョンの宗教儀式を媒介とした、霊性の「はたらき」によるものである。この「はたらき」によって、過去と現在の一体化、魂と肉体の一体化は可能となったのである。それは宗教儀式において、年配の女性がウンギョンに少女時代のチョンミンを見た場面に現れている。年配の女性は、巫女ウンギョンにあらわれたチョンミンに次のように話しかける。


「私、一人だけが帰って来たの。ごめんね。本当にごめんね、チョンミン。身体だけが帰って来たの」

「大丈夫よ。私もこうして、戻って来たわ」

「私、あなたを置き去りにして、……あの時から今まで、あの時から今まで……。私もずっとあそこにいたの。身体だけが戻ってきて……、私の心は戻ってこられなかったの、……チョンミン」

「もう、終わったのよ。こうして呼んでくれて、ありがとう」

「私、老けた？」

「ううん。あの時のまま、あの時と同じだよ」

「あなたがくれたお守りのお陰で、静かに生きてこられたわ」

「お姉さん、もう楽になって……」

「待ってて、すぐに行くから」

「ううん。ゆっくり来て。美味しいもの、いっぱい食べて、楽しんできて」

年配の女性は、今を生きているが、それは肉体のみが生き延びただけであって、魂は一九四三年に命をなくしたチョンミンのそばに留まっていたのだ。宗教儀式をとおして、チョンミンと話し合い、赦しを受け入れてもらうことによって、ようやく魂も現実世界へ還ることが出来たのであった。チョンミンも、現実世界へ呼んでもらったことを感謝している。それは、最後に彼女の魂が我が家に帰る場面に象徴されている。

3　霊性の「はたらき」と平和的共生（相生）社会

この儀式の現場の参加者の中には日本兵もいて、この二人のやり取りを見守っている。「鬼郷の儀式」は同胞のみの魂の帰還をもたらすものではない。この儀式は、加害者である日本兵の魂をも、現実世界へ帰還させたのである。そこには、加害者・被害者を区別しない、救済の視点がみられる。これが霊性のはたらきなのである。

この日本兵の姿は、アジアに対する植民地支配を正当化する人々には、見えないのであろう。それが見えるためには、侵略に対する自己批判と、二度と同じ過ちを繰り返さないという決意と行動が必要である。それを象徴しているのが、全羅北道・群山の東国寺の境内に設置された

「懺謝文《さんじゃもん》」碑（二〇一二年九月）であり、その前には少女像が設置（二〇一五年八月）されている。この碑文は、日本の仏教教団の一つである曹洞宗が一九九二年一一月に宗務総長・大竹明彦師（当時）の名において発表したものである。

そこには、曹洞宗が「戦争協力への事実を認め、謝罪を行うもの」であることが記されており、「朝鮮・韓半島において、日本が王妃暗殺という暴挙を犯し、李朝朝鮮を属国化し、ついには日韓併合により一つの国家と民族を抹消してしまった」ことにたいして、曹洞宗宗門は「その先兵となって朝鮮民族のわが国への同化を図り、皇民化政策推進の担い手」となったことを認め、その謝罪を行うことが記されている。そして「人も国家も、相互依存関係の中においてのみ存在し得る」という仏教の「縁起」思想の立場に立って、平和のために「他（者）との共存こそが自らの生きる根拠」であること、「自を見つめ、自を律し、他と共に生き、他と共に学ぶ生き方」に依拠する決意が述べられている（日本宗教者平和協議会編『宗教者の戦争責任懺悔・告白資料集』、白石書店、四九―五二頁、一九九四年）。

戦争協力に対する懺悔・犯した罪の告白は、『涅槃経』で阿闍世《アジャセ》が述べているように、古き自己の死と新たな自己の誕生を意味し、平和実現のために身を捨ててはたらくことに繋がらねばならない。少女像と一体化した東国寺の懺謝文碑は、そのような行動の具体例の一つであろう。「鬼郷の儀」に日本兵の姿が見えたのは、このようなささやかかもしれないが、宗教者たちの活動の存在やその他の同様な活動があるからではないかと思われる。

映画『鬼郷』には、現在と過去が一続きのものとなって、「ケブルノリゲ」に触れた途端に、過去へと少女ウンギョンは赴き、また現実世界へと帰ることがえがかれている。このような過去と現在の一体的な捉え方、生と死・肉体と魂の非分離性、和解と共生（相生）の非分離性は、韓国に特有のものではない。同様の例を、アフリカ思想にもみることができる。

アフリカの土着思想と韓国映画『鬼郷』の共通性

1　アフリカの土着思想の特徴

『鬼郷』における日本軍慰安婦問題の根幹には、植民地主義支配の現実が存在する。したがって、植民地主義支配の構造的理解が必要である。この支配構造には、欧米であれ、日本であれ基本的には共通性があり、またその支配に対する抵抗の思想にも共通性がある。われわれはここで、アフリカのケニア出身の作家、グギ・ワ・ジオンゴ（Ngugi wa Thiong'o, 1938—）における植民地主義の構造の捉え方と植民地主義に対する抵抗の視点を見てみたい。グギは植民地主義支配がもたらしたものについて、次のように述べている。

……植民地主義は、自然的、肉体的、経済的、政治的文化的基盤に対する人びとの関係を攻撃し、完全に歪めるものであることがわかった。このような基盤が破壊された状態となることによって、アフリカ人の主体、彼の環境への主体的関与における主体の全体性（the wholeness）は、断片化される。ヨーロッパの奴隷制と植民地主義によって形づくられた、この強烈な分断（dismemberment、手足をバラバラに切断すること）は、全体性という展望をかかげることによって、解放闘争のなかで追い払われてきたと論ぜられるであろう。（解放を目指す）これらの闘いは、全体としてみれば、分断・断片化されたものの再統合（remembering）のための戦術・戦略として役立ってきたのであった。（Ngugi wa Thiong'o, *Something Torn and New*, BASIC-CIVITAS BOOKS, p.29,2009）

日本の植民地主義も、ヨーロッパの場合と同様に、アジア地域において「自然的、肉体的、文化的基盤に対する人びとの関係を攻撃し、完全に歪める」ことによって、人々の全体性をバラバラに分断（dis-member）してきたのである。この断片化を復元する（re-member）ことは、歴史を記憶（remember）することと一体でなければならない。またそのことが人間の主体化を生み出すものなのである。主体のあり方とアフリカの全体性の回復という課題について、興味深いのはアフリカ大陸に位置する、古代エジプト神話『オシリス（Osiris）』の捉え方である。グギによる、この神話の捉え方は次のように要約される。

オシリスは兄弟のセト（Set）に殺され、セトはその棺をナイル川に投げ込むが、女神イシス

(Isis) は棺を引き上げて隠す。それを発見したセトは怒って、オシリスの身体を一四の部分に切り刻んで、エジプト中にばら撒く。イシスはエジプト中を旅して断片を拾い集めて、その場所ごとに墓を建て、トート神 (Thoth) の助けを借りて、オシリスを甦らせるという話である。切り刻まれて、ばら撒かれ、痕跡もないオシリスを植民地化されたアフリカと同一化し、その復活をはかるという視点に立って、アフリカのガーナの作家アイ・クエイ・アーマ (Ayi Kwei Armah) は『オシリスは立ち上がる』(*Osiris Rising*, 1995) という作品を出版している。

死者オシリスに代表される、歴史の中で犠牲となった人々に哀悼を捧げるという意味について、グギは次のように述べている。

> 哀悼の重要さの基礎にあるものは、死者、生者、未だ生まれぬ者との一体性というアフリカ的世界観である。死者が現実世界を訪れることは信じられ、この世の生活において死者は眼に見えぬ参加をおこなっていること、死後の親戚との結合の持続が信じられている。したがって生者は死者とよい関係を持つことを願っており、彼らを記憶し、彼らに関心を示し、彼らと自己とを一体化し、彼らに願い求めている。……哀悼はまた、記憶であり断片化された先祖の再構成 (remembering) であり、生者に対して彼らが残してくれた遺産の賞賛である。それは存在の新しい関係に対する終結であり、開始でもある。(Ngugi wa Thiong'o, *Something Torn and New*, pp.57-58)

記憶とは、全体化を目指して、肉体的にも精神的にも分断化された過去を現実的に復元することを意味し、生者にとってはその復元は哀悼と一体のものである。復元と哀悼が一体であるのと同様に、死者、生者、魂と肉体、未だ生まれぬ者も一体である。この一体性は、相互関係性、非分離性、自己の外部に存在する他者優先を意味するアフリカ土着思想の「ウブントゥ」から導き出される。このような過去の復元（肉体と精神の分離の再統合）、現在と過去の往来、死者の現実生活への参加、を可能ならしめるのは、トート神に象徴される絶対者の霊性の「はたらき」である。「ウブントゥ」の理解も、このような霊性のはたらきによって可能となる。

このような「記憶」「哀悼」の立場にたつことによって、歴史的事実の認識は主体化し、異なる人々同士の共生（相生）が成り立つ。この立場から離れるとき、歴史的事実の選択は恣意的なものとなり、差異は対立のみを生み出す。

2 南アフリカの平和的共生（相生）社会構築と土着思想

南アフリカは、非暴力運動によって、一九九四年に白人優越のアパルトヘイト体制を廃棄した。しかし、長年にわたって積み上げられてきた、人種間の対立感情、差別に対する怒り、悲しみ、絶望感は一挙になくなるものではなかった。「アパルトヘイト以後」に全人種平等の社会を構築するためには、和解が必要であった。

アパルトヘイト体制下では、白人警官や軍人は黒人・有色人に対して抑圧的立場に立っていた。他方、白人も反アパルトヘイト抵抗運動の中で、現実にアフリカ民族会議（ＡＮＣ）が仕掛けた爆弾によって、巻き添えになって命をなくすこともあった。したがって、七五％以上の人口を占めるアフリカ黒人が、「勝利者」として「敗者」の白人を一方的に「裁く」のではなく、土着思想「ウブントゥ」に基づく、共生（相生）を目指す真実和解委員会（一九九六―一九九八年）が、デズモンド・ツツ（Desmond Tutu）大主教（当時）とネルソン・マンデラ（Nelson Mandela）大統領（当時）によって設置された。そこでは、人種・政治的立場を問わず、「加害者」が犯した罪の告白・懺悔をおこなう公聴会が実施され、和解への大きな一歩を踏み出すことが出来た。

南アフリカの和解への取り組みが示しているのは、「断片化（dismembering）」の「再構築（remembering）」による「全体化（wholeness）」回復の方向性である。そして、それを可能ならしめるのが、土着思想としての「ウブントゥ」であった。

この思想は、非分離性、相互関係性、外部性としての他者優先、自己を人間化する他者のはたらきを意味し、総ての宗教、ヒューマニズムの基底に存在するものである。哀悼は「記憶」と「再構成」でもあり、それは人間の主体化を生み出すものである。その取り組みは、新たな共生的未来を切り拓くものであり、平和構築の基本となるものである。これらのものをもたらすのが、霊性の「はたらき」なのである。

3　アフリカの土着思想と韓国の土着思想の共通性

『鬼郷』において、分離された魂と肉体の結合を可能ならしめ、生者と死者を一体化させ、加害者をも含めて共生（相生）の道を提示したのは、「ケブルノリゲ」、「巫女」に象徴される土着の宗教のもつ霊性の「はたらき」であった。ここには、現代の困難な課題を解決したいという願いが、土着宗教を現代化させ、霊性のはたらきによって、課題解決の方向性が提起されている。

われわれはアフリカの思想においても、これと同じものを見ることが出来る。アフリカにおいても、韓国と同様に、現在と過去、生者と死者は二分化されることなく、相互につながり合っており、二重化されている。グギ・ワ・ジオンゴが述べているように、植民地主義・帝国主義は、被抑圧者たちの「手足をばらばらに切断／分断し」、肉体と魂を分断することによって、固有の文化を根絶し、欧米中心主義的な同化を強制してきた。したがって、アフリカが「再生」するためには、切断された身体、切断された魂と身体を元通りに復元することが必要である。したがって､過去を「記憶する（remember）」ことは､過去を「復元する（re-member）」ことである。この復元の行為は、古代エジプトの神話『オシリス』が示しているように、女神イシス、トート神の力、霊性の「はたらき」が必要なのである。「犠牲者」の復元と関わるのは、「加害者」の問題である。「ウブントゥ」にみられるように、アフリカの土着思想には、ものごとの「非分離性」「相互関係性」が基軸に存在している。したがって､「加害者」も含めて､過去の「復元」

は行われなければならず、そのためには「加害者」の懺悔とそれを受け入れる「赦し」が必要であり、この場合にも霊性のはたらきが必要である。

このことを具体化したのが、アパルトヘイト撤廃後の南アフリカで実施され、共生的平和構築に貢献した「真実和解委員会」であった。映画『鬼郷』における「過去」の現代的復元・再生は、すべての人々の復元・再生であり、それは平和的共生のあり方を示している。ここで重要なのは、この復元・再生は土着文化・思想に媒介されてはじめて可能となることである。巫女のおこなう「鬼郷の儀式」や伝統的お守り・「ケブルノリゲ」、古代エジプトの神話『オシリス』における女神イシス、トート神の役割、ものごとの非分離性・相互関係性を説くアフリカの土着思想「ウブントゥ」には、地域・時代を超えて共通性がある。

アフリカ文学・思想が目指す全体性は、「断片化」の「再構築」による「全体性」の回復にあり、そのためには土着の民話・神話における現在と過去の非分離性、相互の往来性、二重化の視点と現代の課題をつなぎ、その精神世界から現代を見る事が基礎におかれねばならない。この視点は『鬼郷』の視点とも重なり合うものである。このような視点に立つためには、自己を超えた、外部性としての「他者」の霊性の「はたらき」が前提となる。

結論

われわれは『鬼郷』とアフリカ思想・文学には大きな共通性があることを見た。両者の土着文化には、一見したところ共通項が見られないように思われるが、その土着文化を現実の課題とつないだとき、そこには課題解決の共通の道筋が開けてくる。土着文化がわれわれに語りかけるのは、ものごとの非分離性・相互関係性の立場に立つことであり、それによって「精神的なものと社会政治的なものの非分離性」「生死一如」「二重化」の意義は明確化する。それを促すものは、「科学的認識」ではなく、われわれのものの見方を変換させる「はたらき」であり、それを霊性の「はたらき」と呼ぶことができよう。この「はたらき」に活かされることによって、差異をもちつつも、その差異がお互いを豊かにするものへと転化し、敵対は共生（相生）へと転化しうる。平和共同体の構築には、今までなじみのうすかった、このような霊性の位置づけが必要であると思われる。

韓国・朝鮮の一九世紀中期以降の歴史は、「平等・相互関係性・非暴力共生（相生）」を掲げる「東学思想」の具体的展開を示している。「3・1独立運動」「一九八七年の民主化」、朴槿恵前大統領を退陣に追い込み、文在寅大統領を誕生させた一〇〇万人の「ろうそくデモ」、「板門店宣言」、の底流には、このような東学思想の展開がみられる。そのような思想を血肉化させているのが、「霊性」のはたらきなのである。このような視点に立った、平和共同体の取り組みは、韓半島において進行しつつあるように思われる。

平和構築における「霊性」の重要性は、鈴木大拙が『日本の霊性化』（法蔵館、一九四七年）のなかで、すでに述べている。彼は、世界平和を実現するためには、核戦争による人間絶滅の「心理的恐怖」と「経済的利益を契機にした」世界平和の理念を進めて行く事のみでは、不十分であることを指摘する。このような考え方は、「外面的・統制的・抑圧的傾向をもっているので」不十分であり、それを克服するためには、「内心からの自主性をもった精神的推進力」が必要であり、その推進力が霊性であると主張する。

映画『鬼郷』、アフリカ思想、鈴木大拙が共通に平和構築における霊性のはたらきを重視していることとは、非常に興味深いところである。韓国語の「クゥイヒャン」は漢字で「帰郷」「鬼郷」と二通りに書けるように、「トンイル」も「統一」と「通一」(片方が他方を従わせるのではなく、お互いに通じ合う事）と書くこともできるという。親友趙晟桓先生のこの指摘に、ものごとを二重化する霊性の「はたらき」を感じないわけにはいかなかった。

三　欧米的近代を超える平和的近代への道
——親鸞の『顕浄土真実教行証文類』「化身土文類」を中心に

はじめに

一九七〇年代における「途上国」世界の社会政治変革運動において、従来の社会主義・民族主義を基軸とした闘いとは異なる特徴が共時的に現れてきた。それは民衆の生活と密接に結びついた土着文化としての宗教が、闘いの前面に現れたことである。「途上国」は、一九七〇年代には、欧米の政治・経済・文化の一体的支配の下にあったが、その根幹はケニアのグギ・ワ・ジオンゴやイランのアリー・シャリーアティーが指摘しているように、「文化支配」にあった。それに抗するため、民衆に最も親しみのある生活文化としての宗教が闘いの思想的基軸になったのは不思議なことではない。なぜなら、宗教には本来的に、欧米的近代に固有の、「途上国」

支配を合理化する自己中心主義的「二分法」を克服する「相互関係性」「外部性としての他者の承認」「精神と社会の非分離性」「人間の平等性」「差異と平等の併存」「非暴力」等の概念が存在し、これらの自覚化とそれに基づく社会変革の実践を呼び起こす「霊性」のはたらき、が内在しているからである。

南アフリカにおいては、黒人の八割がキリスト教徒であるという現実に基づいた、一九七〇年代の「黒人意識運動（Black Consciousness Movement）」、ラテンアメリカにおける「解放の神学（Liberation Theology）」による社会変革運動、一九七九年のイラン・イスラーム革命、――これらは共通に、その地域に根ざした宗教の現代化を通じて展開された、非暴力による民衆の主体的な社会政治変革運動であった。南アフリカの黒人意識運動は一九八〇年代以降、黒人という枠組みを超えて「状況神学（Contextual Theology）」へと発展し、相互関係性を基軸とする土着の「ウブントゥ」思想と結合して、白人を含む全人種の心を捉え、一九九四年には、アパルトヘイト体制を非暴力によって平和的に廃棄させるに至った。

これらの宗教を基軸にした運動に共通するのは、「相互関係性の重視」、「自我とは異なる外部性としての他者の優先性」（黒田壽郎国際大学名誉教授）であり、それによって欧米的近代の価値観の普遍化や欧米的近代の価値観に基づく社会体制の絶対化が否定され、非暴力共生（相生）による社会の実現の方向性が示されている。とりわけ、そのような変革の行動を可能ならしめたのは、「このままでいいのか」と人間に揺さぶりをかける、自己の外部からの超越的な「はたらきかけ」による「意識変革」である。人間に「めざめ」をもたらす、この「はたらきかけ」を「霊性」のはたらきと呼ぶことができる。この「はたらきかけ」によって、自己が孤立しているのではなく、他者との無限の繋がりの中に位置づけられていることが明確になり、社会的正義を非暴力によって、実現せんとする意欲が生み出される。

「相互関係性」「外部性としての他者優先」「非暴力主義」とこれらの意識を生み出す「霊性」のはたらき、――この一体化は、単に「欧米的近代」を乗り超えるものであるばかりでなく、「欧米的近代」の「病《やまい》」をも治癒・救済するものである。またこのような概念を基軸にした取り組みは、「七世紀近代」（板垣雄三東京大学名誉教授）の「ルネサンス」的取り組みの具体例でもある。このような取り組みは、二〇世紀に初めて起こったものではなく、抑圧に対する抵抗の歴史の中で常に生まれるものである。日本においてそのような「近代」復興の試みは一三世紀の「鎌倉新仏教」に見ることができる。この小論において、このような「ルネサンス」的取り組みの具体例として、一三世紀の親鸞の思想をとり上げ、現代的意義を考えたい。

親鸞とその時代

日本の「鎌倉新仏教」は、一一世紀中期に確立された世俗権力と仏教勢力（南都六宗と比叡山延暦寺・高野山金剛峰寺）の連合体としての「顕密体制」に対する批判に基づく、仏教の自立・

確立を通した人間の平等化・主体化を目指したものであった。とりわけ、「顕密体制」が最も恐れを感じたのは、専修念仏者集団であった。「顕密体制」の本質は、興福寺の貞慶が起草した、「興福寺奏上」（一二〇五年）の専修念仏に対する「九箇条の失（九点に亘る専修念仏の誤り）」に明確に現れている。その「第一の誤り」は、「新宗を建つるの失」であり、これは法然が国家の許可を得ずに専修念仏を建てたという法律違反の指摘である。日本においては、八世紀の「養老僧尼令」以来、国家権力は仏教統制権を持っていた。これを根拠にして、〝仏教は「国家」安泰を祈ることが前提であり、仏教は国法に従わねばならぬ〟と興福寺の貞慶は述べている。ここには、世俗権力と一体化した仏教勢力の、国家体制擁護の姿がみられる。結論部分となる「第九の誤り」では、「国土を乱るの失」が述べられている。ここでは、専修念仏は「顕密体制」の破壊、「国家転覆」を引き起こすという主張が述べられており、世俗国家の絶対化の視点が明確にみられる。

この専修念仏の弾圧を三五歳のときに直接体験した親鸞は、『顕浄土真実教行証文類』（教行信証）の「後序」（あとがき）で次のように述べている。

　　わたしなりに考えてみると、聖道門のそれぞれの教えは、行を修めさとりを開くことがすたれて久しく、浄土真実の教えは、さとりを開く道として今盛んである。
　しかし、諸寺の僧侶たちは、教えに暗く、何が真実で何が方便であるかを知らない。朝廷に仕えている学者たちも、行の見分けがつかず、よこしまな教えと正しい教えの区別をわきまえない。このようなわけで、興福寺の学僧（貞慶）たちは、後鳥羽上皇・土御門天皇の時代、承元元年二月上旬、朝廷に専修念仏の禁止を訴えたのである。天皇も臣下のものも、法に背き道理に外れ、怒りと怨みの心をいだいた。そこで浄土真実の一宗を興された祖師源空上人（法然）をはじめ、その門下の数人について、罪の内容を問うことなく、不当にも死罪に処し、あるいは僧侶の身分を奪って俗名を与え、遠く離れた土地に流罪に処した。わたしもその一人である。だから、もはや僧侶でもなく俗人でもない。このようなわけで、禿の字をもって自らの姓としたのである。（『浄土真実教行信証文類《現代語版》』本願寺出版社、六四一―六四二頁、二〇〇〇年）

法然や親鸞は、国家権力によって、僧侶の身分を剝奪され、流刑に処せられ、西意、性願、住蓮、安楽は斬首された。世俗法によって僧侶であることを認めたり、還俗させたりすることは、世俗権力が「絶対性・不可侵性」をもち、仏教は相対的価値しか持ち得ないことを示すものである。また当時の宗教勢力が、国家権力と一体化して、専修念仏者集団を弾圧するということが、末法の世であることの証であった。末法の世は、「僧侶の多くは子どもをもち」「出家のものも在家のものも仏弟子でありながら、殺生をするようになり」、僧侶同士が殺し合うような時代であり、「ただ仏の説かれた言葉だけが残っているだけで、行もなくさとりもない」

時代である。

仏教には時代観をあらわす三つの言葉があり、それは、「正法」（釈迦入滅後五〇〇年あるいは一〇〇〇年間で、教・行・証が存在する時代）、「像法」（「正法」後の一〇〇〇年、教・行は存在するが、証、さとりを開くものはいない時代）と、この二つの時代の後に現れる「末法」の時代で、仏の教えしか存在しないこの時代は一万年続くと言われている。この「三時」思想は、時代の変遷とともに仏教の世俗化と形骸化が進むことを表わしている。日本では平安時代以後は「正法」一〇〇〇年・「像法」一〇〇〇年説が一般化し、「末法」の始まりを、一一世紀中期の「顕密体制」が確固たるものになった時代に見た。

このような末法の時代には、唯一「残された仏の言葉」を「人間救済」「現実変革」の観点に立って、経典の中から取り出すことが求められる。それは、「仏の説かれた言葉」をそのまま逐語解釈するのではなく、この言葉の指し示す現代的意味を把握することを意味する。それによって、仏法による救済は可能となるのである。そのような把握を行うためには、経典の二重化、つまり表面に現れた意味（顕彰）は内面に込められた意味（隠密）を把握するための手段であるという立場に立って、経典の現代化をおこなうことが必要である。それを実行できるのは、民衆とは分断された、権力と一体化した高位の僧侶ではなく、高度な学問の力を身につけ、かつ民衆とともに暮らす、「名ばかりの僧」であった。

これこそが、末法時代の理想的僧侶であった。はからずも、国家権力の弾圧が親鸞を真実の僧に鍛え上げたのである。親鸞が『顕浄土真実教行証文類』の「後序」で述べているように、「国家によって認定された僧侶」ではなく、国家とは一線を画した、仏法による人間救済を説く「名ばかりの僧」であるという自己主張は、「国王に向かいて礼拝せず」（「化身土文類」）という、仏法第一主義・世俗権力相対化という立場に立った、末法時代における真実の仏法者としての名乗りである。

「顕密体制」にとって、現実世界は自己中心主義的支配構造が投影化された、一切の批判を許さない絶対的世界であった。そこには、支配者の自己中心主義的な歪みを糺す、外部性としての「他者」は存在せず、相互関係性の中に自己を位置づける視点も存在せず、また、世俗権力と一体化した仏教勢力は、本来の世俗的価値を相対化する視点を失っていた。

しかしながら、現実世界はそのような、不変の絶対的なものではなかった。親鸞は浄土経典やインド・中国・韓半島のすぐれた浄土教の注釈書の中に、現実変革と人間の主体化の道を読みぬいた。親鸞は、絶望的に見える末法の世において、現実世界そのものが「二重構造」化されており、現実世界を「目に見えるもの」と「目に見えないもの」の相互関係的一体性として捉えた。

彼は否定的な現実にみえるものを打ち破るものが内包化され、また、その内包化されたものの認識に満足することなく、それをこえる、真実世界への方向性がそこに存在すること、それを示し導いてくれるのが、阿弥陀仏の本願力という霊性の「はたらき」であることを明らかにしようとした。現実世界とは、すべての相矛盾するものが有機的に無限に繋がり合って「一としての総体」としての構造をもった、真実に向かう躍動的世界である。そのような世界認識の構造を明らかにしたのが、『顕浄土真実教行証文類』の「化身土文類（化身土巻）」である。

『顕浄土真実教行証文類』における「化身土文類（化身土巻）」

親鸞の『顕浄土真実教行証文類』（教行信証）は、「総序」のあとに、「教文類（教巻）」「行文類（行巻）」「信文類（信巻）」「証文類（証巻）」「真仏土文類（真仏土巻）」の五部と「化身土文類（化身土巻）」の計六部から構成されている。「化身土文類」以前の部分は、浄土真宗の内容を明らかにしたものであり、「化身土文類」は、真実の仏教でないものを明確化していると同時に、顕密体制を突き破る、浄土真宗の主体的把握を可能ならしめる世界認識の構造のありかた、浄土真宗の「教」「行」「信」「証」が具体的に展開される現実世界のあり方が基軸となっており、「真仏土」は「化身土」を根底において有機的に支えるものとして捉えることができる。したがって、「化身土文類」には、社会性をもつ、きわめて体系的な親鸞の世界認識の展開がみられる。

「化身土」とは、「感覚器官の対象となる具体性をもつところの、真実ではないが、真実化されていくべき」である「土」（bhumi 大地・世界）である。その世界とそこに暮らす人々を真実化させようとする「はたらき」をおこなうのが、方便法身としての仏（われわれ人間にとって具体性をもって、はたらきかける仏）である。現代語で言えば、「化身土」とは、われわれがその中に暮らしている現実世界であり、人間によって「意識化された世界」である。そこには真実は直接的には存在しないが、その世界は真実化されるべき道筋を内包する、「二重化された世界」である。このような「化身土」として捉えられた現実世界こそが、親鸞が把握した「教（仏の教え）」「行（教に沿った実践）」「信（めざめ）」「証（さとり）」が具体的に展開される世界なのである。

「化身土」を成立させるためには、「真仏土」が前提となる。「真如・真実」は超越的世界にあり、不動である「真如」が衆生救済のためにはたらくためには、時空間を突き破って、現実世界において具体的な姿をとらねばならない。「真仏土」は真実の存在であり、「化身土」はその存在がはたらく場である。この関係は「法性法身」と「方便法身」の不二の関係、「存在」と「はたらき」という一体性の関係である。親鸞は、仏と浄土にも、真実の浄土としての「真仏土」（絶対的存在としての浄土と仏）と方便の浄土（衆生救済のはたらきが行われる現場としての浄土と仏）を意味する「化身土」があること、浄土の「二重化」を次のように示している。

さて、報ということを考えると、如来が因位（法蔵菩薩としての修行中）においておこされた願の果報として浄土は成就されたのである。だから報というのである。ところで、如来の願に真実（真）と方便（仮）とがある。だから、成就された仏と浄土にも真実と方便がある。第十八願（念仏往生の願）を因として、真実の仏と浄土（真仏土）が成就されたのである。真実の仏（真仏）とは、『無量寿経』には、「無辺光仏、無礙光仏」と説かれ、……真実の浄土（真土）とは、『平等覚経』には「限りない光明の世界（無量光明土）」と説かれている。……方便の仏と浄土（仮の仏土）とは、次の「化身土文類」に示すので、そこで知るがよい。すでに述べてきたように、真実も方便も、どちらも如来の大いなる慈悲の願の果報として成就されたものであるから、報仏であり報土であると知ることができる。方便の浄土に往生する因は、人によってそれぞれみな異なるから、往生する浄土もそれぞれに異なるのである。これを方便の化身・方便の化土という。如来の願に真実と方便とがあることを知らないから、如来の広大な恩徳を正しく受け取ることができないのである。（『顕浄土真実教行証文類《現代語版》』四四六―四四九頁）

浄土は、阿弥陀仏が法蔵菩薩として修行中に建てた誓願の果報として成就したものであるが、「その誓願に真実（真）と権仮（仮、方便）」があり、「その仏身と仏土についても真実と権仮がある」（信楽峻麿『真宗聖典学③教行証文類』三二〇頁）。「真仏と真土とは、第十八願を因として成立した」ものであり、真仏は諸仏の中で最も優れた無礙光仏であり、真土は無量光明土である。仮の仏身・仏土についても、阿弥陀仏の誓願の果報として成就したものである。

煩悩具足（自己中心主義）のわれわれは、色も形もない超越的真実世界と真仏（法性法身）そのものを捉えることはできない。真仏は、われわれを救済するために、方便法身となって時空間的世界（化身土）に現れる。法性法身は方便法身となることによって、衆生救済が可能となるが、方便法身は法性法身がなければ衆生救済活動はおこなうことができない。両者は不二一体の関係にある。この両者の関係は「広略相入」と呼ばれる。「真仏土」と「化身土」の関係もこれと同じであって、両者は不二一体の関係にある。

「化身土文類」の冒頭で、親鸞は方便の誓願によって仮に施設された「方便の仏と浄土」について次のように述べている。

> つつしんで、方便の仏と浄土を顕せば、仏は『観無量寿経』に説かれている真身観の仏であり、浄土（土）は『観無量寿経』に説かれている浄土である。また『菩薩処胎経』などに説かれている疑《ぎ》城《じょう》胎《たい》宮《ぐ》である。（『顕浄土真実教行証文類《現代語版》』四五三頁）

化身土の仏は、視覚の対象になる具体的姿をもつ仏であり、その土も視覚の対象となる具体的世界である。ここには、現実を突き破る超越性は見えず、自分を取り巻く有限的世界しか存在しない。しかしそれを、絶対的世界と錯覚しているのである。この世界は、自己閉鎖的・有限的な「子宮内的世界」を意味する「疑城胎宮」と呼ばれる。この世界に安住することは、われわれが現実に取り囲まれている世界をそのまま肯定することを意味する。しかし、その現実世界には、基底において浄土世界の部分が入り込んでおり、二重化されているのである（図参照）。この「二重化」の認識をわれわれにはたらきかけるのが、方便法身としての仏であり、その仏は具体的人間に「二重化」された形で現れる。「教文類」において、阿《アー》難《ナンダ》が人間釈尊に仏を見たという描写はそれを示している。木から落下するリンゴをみて、万有引力を認識したり、個々の具体的人物に、目には見えない「人間」を見出したりするのと同じ論理構造である。

現実世界、とりわけ末法五濁の世界において、「群生《ぐんじょう》」（まよいの世界にいる一切衆生）が真実を直接に把握することは困難である。そ

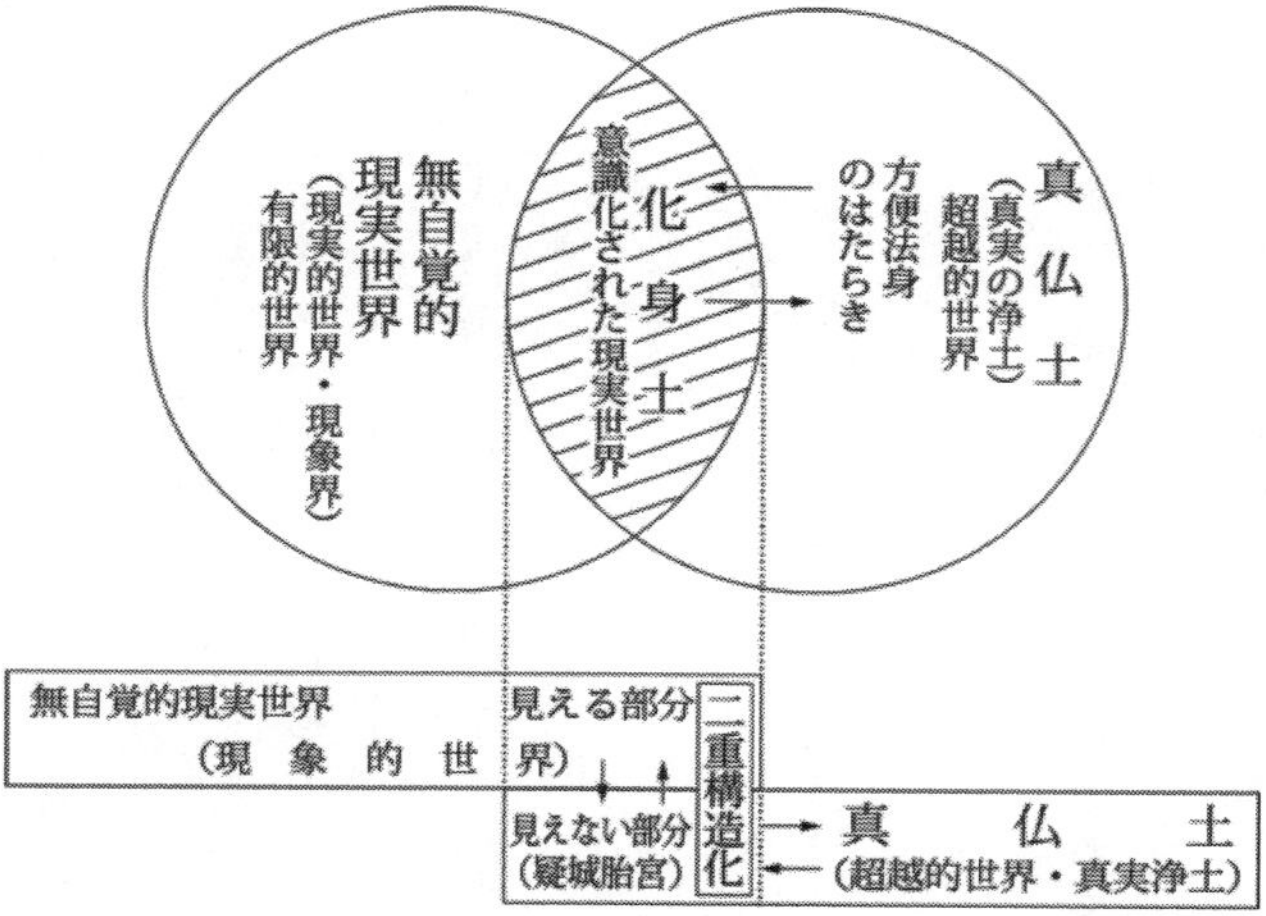

図　親鸞の世界認識の構造

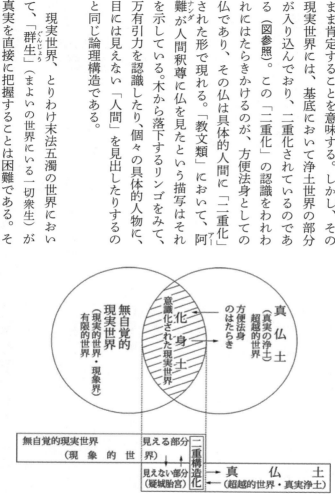

れゆえ、釈尊は方便によって、理解しやすい、さまざまな自力の善を修めて浄土に往生する教えを説いて、その方法の不可能性を自覚させつつ、人々を真実へと導くのである。化身土とは、実体ではなく仮に施設された世界であり、その世界において方便法身としての仏が、総ての人々を真実へと導く世界なのである。

「化身土文類（化身土巻）」において重要なのは、「化」の意味である。「化」はわれわれの目に見えることを意味する。それは第一に、われわれの感覚器官の対象になることを意味する。第二は、「教化させる」という意味である。化身・化土については、信楽峻麿名誉教授は次のように述べている。

……化身とは、究極的な真実、法身が、人々を真実にまで育てるために示現したところの、方便としての仏身をいうわけです。……また化土については……化身の仏が依るところの場所、仏国土を化土というわけです。そこでここでいう化土とは……教化の化の意味、そしてまた化現の化の意味をもつもので、人人をして真実なる浄土、真実にまで教化し、導き入れるために、方便として仮現された浄土のことにほかなりません。（信楽峻麿『真宗聖典学③教行証文類』三三四頁）

化身土における「化」のはたらきは、「二重化」としての「顕彰隠密」というかたちをとってあらわれる。

「化身土文類（化身土巻）」における「顕彰隠密《けんしょうおんみつ》」の意味

1『仏説観無量寿経』における「顕彰隠密」

親鸞は浄土三部経のひとつである『仏説観無量寿経』における、「表にあらわれたもの」と「内部に秘められたもの」との関係を示す「顕彰隠密」について、次のように述べている。

善導大師の解釈された意向にしたがって『観無量寿経』をうかがうと、顕彰隠密の義がある。その顕とは、定善・散善のさまざまな善を顕すものであり、往生するものについて上・中・下の三輩の区別をし、至誠心・深心・廻向発願心の三心を示している。しかし、定善・散善の二善、世福・戒福・行福の三福は、報土に生まれるまことの因ではない。三輩のそれぞれがおこす三心は、それぞれの能力に応じておこす自力の心であって、他力の一心ではない。これは釈尊が弘願（十方衆生を救済しようと誓った第十八願）とは異なる方便の法として説かれたものであり、浄土往生を願わせるために示された善である。これが『観無量寿経』の表に説かれている意味であり、すなわち顕の義である。

その彰（隠された意味をあらわすこと）とは、阿弥陀仏の弘願を彰《あらわ》すものであり、すべてのものが等しく往生する他力の一心を説きあらわしている。提婆達多《ダイバダッタ》や阿闍世《アジャセ》のおこした悪事を縁として、浄土の教えを説くという、釈尊がこの世にお出ましになった本意を彰《あらわ》し、韋《イ》提希《ダイケ》（アジャセの母）がとくに阿弥陀仏の浄土を選んだ真意を因として、阿弥陀仏の大いなる慈悲の本願を説き明かされたのである。これが『観無量寿経』の底に流れる穏彰の義である。（『顕浄土真実教行証文類《現代語版》』、四六四―四六五頁）

『仏説観無量寿経』は、表面上は自力による浄土往生を願わせている。表面上説かれている「定散諸善」は「方便の教」であり、隠されているのは、その無効性を自覚させ、他力の念仏による浄土往生へと転じさせる道筋の提示である。『仏説観無量寿経』において、釈尊は、阿闍世によって苦しめられた母・韋提希に、雑念を払い心を凝らして阿弥陀仏とその浄土を見る方法を説く。しかし、その不可能性を自覚させられた彼女に対して、人間を「上品上生」から「下品下生」の九種類にわけ、それぞれの救済の内容を釈尊から聞くうちに、自分が最悪最低の「下品下生」にほかならず、口称念仏によってしか救われないことが自覚される。

このように、自力を勧めつつその無効性を自覚させ、他力へと転じさせる「二重の構造」は、「真仏土」（超越的真実世界）と「化身土」（有限的現実世界）の相互関係性を示すものである。有限的世界としての「化身土」は、法性法身が方便法身となって衆生救済をおこなう場である。

この両者は、不二一体の関係にある。『仏説観無量寿経』における、阿弥陀仏の色身の観想を説く「真身観」は、具体的感覚的である点で、有限的存在である。

現実世界としての「化身土」も浄土の一部であるということは、現実世界は浄土世界と底辺において重なり合う部分があるという意味である。煩悩を具足した自己中心主義的衆生は、とりわけ末法の世においては、「仏智疑惑」（絶対者である阿弥陀仏の智慧に対する疑い）をもつがゆえに、直接的に「真仏土」（真実の浄土世界）に向かうことはできない。ゆえに、真実の浄土世界とつながり合う方便の浄土を阿弥陀仏は設けたのである。

現実世界に非人間的なものを見出したとき、それを除き、そこを「浄土化」しようとする意欲が生まれるのは不思議なことではないし、その取り組みは尊いものである。そのような取り組みの賛同者が増加すれば、現実世界の非人間的なものは、大きく減少するであろう。しかし、この方向性が完成に向かって連続するためには、自己の絶対化を問うこと、現世の絶対化をのり超えることが必要である。なぜなら、われわれ人間は、自己中心の世界の「改善」、「改善された」世界にいつしか満足して、そこに留まろうとするからである。その象徴が「懈慢界《けまんがい》」「疑城胎宮」である。自己および現代社会の絶対化に対する疑問は、自己自身の力では解決不可能であり、自己を超えたはたらき（霊性のはたらき）が必要である。そのはたらきかけは、方便法身の仏によってなされる。

2『仏説阿弥陀経』における「顕彰隠密」

「顕彰隠密」は、『仏説阿弥陀経』においても存在する。ここでは、「自力の念仏」から「他力の念仏」への転入が課題であるが、このテーマは『仏説観無量寿経』の隠された意味としての、念仏への衆生の導きを継承・深化させたものである。念仏の方便としてのあり方は、自力の念仏の勧めである。これは表面にあらわれているものであるが、その背後には他力真実の念仏が存在している。

「自力」の念仏は、おのずから本願力（霊性）のはたらきによって、他力の念仏に転入するのである。それは、自分の称える念仏に阿弥陀如来の呼び声、「あなたは自己中心主義の塊ですね。それがあなたの苦悩の原因なのです。その愚かさにめざめなさい。私に帰依しなさい」が聞こえることによって可能となる。『仏説観無量寿経』から『仏説阿弥陀経』への「念仏」の展開の示唆は、次の親鸞の言葉に見ることができる。

『観無量寿経』に説かれている。「釈尊が阿難に仰せになった。〈そなたはこの言葉をしっかりと心にとどめるがよい。〉この言葉を心にとどめよというのは、すなわち無量寿仏の名号をしっかりと心にとどめよということである」。『阿弥陀経』に説かれている。「わずかな功徳しかない自力の行によって、浄土に生まれることはできない。阿弥陀仏について説かれるのを聞き、その名号をしっかりと心にとどめよ」。（『顕浄土真実教行証文類《現代語版》』

五〇四―五〇五頁）

『仏説阿弥陀経』は、表面的には自力の念仏を勧めている。念仏を称えることは、現象的には「自分が称えること」から始まる。しかし、その念仏が二重化されて、その念仏に「阿弥陀仏を説くを聞く」、すなわち阿弥陀仏の救済の呼び声（慈悲）を聞くときに、「自力の念仏」は「他力の念仏」へと、おのずから転入するのである。これが「難信」である理由は、自己の信仰体験が問われているからである。自分の称える念仏に阿弥陀如来の呼び声を聞くという信仰体験は、自己客体化が可能となったこと、主体化を成し遂げたことを意味する。

化身土世界における人間は、自己中心主義から逃れることはできない。この現実を超える手立ては、二重化としての「顕彰隠密」の提起であるが、それも諸行往生から念仏往生へと転化し、その念仏往生も「自力の念仏」から「他力の念仏」への転入という道筋をたどる。この道筋が「方便の要門を出て方便の真門に入り、その真門を出て、選択本願の大海に入り、難思議往生を遂げる」という、親鸞が体験した「三願転入」の道筋であり、また誰もが辿る道筋でもある。これは、他者としての方便法身の仏による衆生への霊性的はたらきかけによるものである。

わたしの外部にある「他者」としての方便法身の仏のはたらきを通じて、衆生は自己が存在しているこの現実世界が、真実世界とつながり合っていることがわかり、真実浄土へと向かうことが可能となるのである。この立場に立つということが、「即得往生・住不退転」の意味である。

では、このような仏の「はたらき」は、「末法時代」において唯一残されている「仏の教え」とはどのような関係があるであろうか。また、「顕彰隠密」と「仏の教え」とは、どのような関係があるのであろうか。

『大智度論《だいちどろん》』の「四依《しえ》」と「顕彰隠密」

親鸞は末法時代における「教」（仏の教え）の把握を、真実の経典としての浄土三部経の中に現代的課題を主体的に摑み取ることにみている。もし、末法の時代に釈尊が生きておられたら、どのようなことをおっしゃるかを経典の中に読み取ることである。「顕彰隠密」はその結果生まれた浄土経典の把握の仕方によるものである。ここでは、「顕彰隠密」の根拠になる経典把握の方法について、龍樹の作とされる『大智度論』の「四依」についてみてみたい。親鸞は「四依」について、次のように引用している。

『大智度論』に、四つの依りどころ（四依）についてつぎのようにいわれている。「釈尊がまさにこの世から去ろうとなさるとき、比丘（出家した二〇歳以上の男性）たちに仰せになった。

〈今日からは、教えを依りどころとし、説く人に依ってはならない。教えの内容を依りどころとし、言葉に依ってはならない。真実の智慧を依りどころとし、人間の分別（はからい、わけへだてをする心）に依ってはならない。仏のおこころが完全に説き示された経典を依りどころとし、仏のおこころが十分に説き示されていない経典に依ってはならない。

……言葉は教えの内容を表わしているものであって、教えの内容が言葉そのものなのではない。言葉に依って教えの内容に依らないのは、人が月を指さして教えようとするときに、指ばかりを見て月を見ないようなものである。……

このようなわけで、言葉に依ってはならないのである。真実の智慧を依りどころとするとは、真実の智慧に依れば善と悪とをよく考えてその違いを知ることができるが、人間の分別は常に楽しみを求め、さとりへ向かう正しい道に入ることができないということである。

……真実を完全に説き示した経典を依りどころとするとは、智慧あるものすべての中で仏を第一とし、すべての教えの中で仏の教えを第一とし、教えを受けるものすべての中で出家のものを第一とするということである〉と。（『顕浄土真実教行証文類《現代語版》』、五三一―五三二頁）

四依とは、次の四つである。①仏の教えを依りどころとし、人間を依りどころとしてはならない。②教えの内容に依拠し、語（言葉）そのものを依りどころとしてはならない。③真実の智慧を依りどころとして、人間の「はからい」を依りどころとしてはならない。④仏の心が完全に説き示された経典を依りどころとしなければならない。

ここで興味深いのは、「月と指」の関係で示されているように、経典の「言葉」は教えの根本内容の方向性を示すものであって、経典の言葉そのものが真実だという意味ではないのである。ここでは、「原理主義的」に経典の言葉を絶対化するのではなく、その言葉が指し示す方向性（角度）、すなわち目には見えないが、現在の自己を含めた世界の根本的課題解決の道を経典に見出すことの必要性が指摘されている。

この指摘から、「顕彰隠密」という経典の「二重化」が導き出される。表面上現れた「教え」は、そこに留まらずその隠された真実の内面把握へ向かう方向性をもつ。この「二重化」は、現実世界に暮らし、その制約を受けている「自己中心主義的」な衆生が救済されるためには、どうしても必要な手立てである。衆生にとっては、まず自分に関心のある、自己願望実現の道を求める。この願望に対して、方便法身の仏は応えつつ、しだいにその願望自体の自己中心主義性にめざめさせ、それを超える道を把握させるのである。これこそが「真実の智慧」を依りどころとして、人間の「はからい」を依りどころとしないことによってえられる道なのである。

これが末法の時代における、唯一残された「教え」の把握方法である。その「教え」が述べられている、末法時代に最もふさわしい「仏の心が完全に説き示された経典」を親鸞は浄土三部経に見た。その「教え」を受ける者が僧侶であり、僧侶はその「教え」を人々に伝えなければばならない。末法の世において、それを実行できる僧侶とはどのような人物であろうか。

末法の世における僧侶の役割

親鸞における時代認識の基盤になっている「末法の世」とは、どのようなものであったのか。その時代における僧侶の役割とは、何であろうか。このことについて述べなければならないのは、「四依」の中に仏の教えを第一に受けとめなければならない対象者として、僧侶は位置づけられており、当然のことながら、僧侶はその教えを人々に説く役割を果たさなければならないからである。

親鸞が「化身土文類」で引用する『末法灯明記』の末法史観は、時代の変遷による仏教の世俗化を指摘している。その世俗化の第一の問題点は、①僧侶の「官僧化」と、②「世俗政治権力」と宗教勢力との連合化、である。この連合化は「顕密体制」と呼ばれるものである。もう一つの世俗化は、諸々の僧尼は子どもを持ち、僧侶同士が論争して殺し合ったり、財物を売り払ったりすることにも現れている。親鸞は、宗教を基軸とした生活とはほど遠いこの現実に抗した。第二点は、積極面としての仏教の民衆化であり、民衆に人間的めざめをもたらす仏教浸透のあり方が問われていることである。その役割を担うのが、「名字の比丘」、すなわち「名ばかりの僧侶」である。

『大集経《だいじっきょう》（大方等大集経《だいほうどうだいじっきょう》）』によれば、正法時代の最も尊い宝は、「如来、縁覚、阿羅漢、阿羅漢に達する前の聖者」の四つであり、像法時代は「禅定を得た凡夫、戒律をたもつ比丘、戒律を破る比丘」の三つである。末法時代は、「無戒の名ばかりの比丘」である。この比丘（僧侶）は、髪をそり袈裟を身に着けただけの、民衆と同じ生活を送る、権力とは無縁の「在家型」の宗教者である。この「名ばかりの僧侶」を「悪を犯して人生を踏み外す」衆生は恐れ敬うと『末法灯明記』に述べられている。このような「名ばかりの僧侶」が畏れ敬われるのは、末法時代に唯一残された仏の「教え」を語る僧侶としての本質的な力をもっているからである。源為憲は、すでに仏教説話集『三宝絵』（九八四年）において、『大方広十輪経』等を引用して、「名ばかりの僧侶」の意義について次のように述べている。

……また戒をやぶれる僧をも、我れおなじくうやまふ。経（『大方広十輪経』）の給はく、「たとひ戒をやぶれども、なを輪王（転輪聖王）にすぐれたり。たとひ悪道にをつれども、その所の王となる。せむふくの花はしぼみたれども、よろつの花のあざやかなるにはすぐれたり。栴檀の香のもえうせぬれど、もろもろの衣にほへるがごとし。……から（香）をつつめし袋は香失せぬれども、なをかうばし。……」との給へり。……経（『阿育王伝』）にのたまはく、「龍の子はちゐさけれども、かろむべからず。雲をうごかして雨をくだす。沙弥はいときなけれどもあなづらず。道をえて人をわたす」との給へり。……（『大智度論』によれば）「孔雀はうるはしうかざれる色なれども、かり（雁）のつばさのとをく（遠く）とぶにはしかず。……」との給へり。……さとり深きをもさとりあさきをも、仏のつかひ（使い）と思ふべし。……おほよそ、凡夫の心をもちて賢聖のみちをはかるべからず。彼の倶婆羅比丘はあし人なりき。見しものたれも過去の如来としらざりき。……古のかしこき人みな仏の御弟子をたうとびき。

（源為憲『三宝絵』平凡社東洋文庫五一三、一一二―一一三頁、一九九三年）

世俗権力とは無縁の「名ばかりの僧侶」には、優れた僧侶に具わるのと同じ力が内面に存在している。それは龍の子が、大人の龍と同じ力を持っているのと同じである。また、孔雀は見た目には立派な羽根を身につけており、雁とくらべれば、外見は遥かに美しい。ところが、遠くまで飛ぶという、本来、鳥の持つ根本的能力、内面的力においては、孔雀は足元にも及ばない。「孔雀」とは体制擁護のエリート「官僧」であり、真実を語る能力は持っておらず、社会的に高い地位にあるという「外見」で判断してはならない。

「名ばかりの僧侶」は、仏弟子として、表面には見えない秘められた力を持つが故に、尊敬しなければならないのである。そのような人物として挙げられるのは、人夫仕事をして妻と子どもを養い、人々に念仏を勧めた教信沙弥（八六六年没）であり、『今昔物語集』にも取り上げられている。

「名ばかりの僧侶」に秘められた力とは、末法の時代に、唯一残された仏の教えを人々に説く力であり、その力とは経典の言葉が指し示す方向性を捉え、経典の二重化によって、そこに隠された真実の、時代の要請にこたえる意味を把握し、そのことを説くことによって、民衆の主体化をはかる力である。現実世界を二重化できるのは、権力を相対化できる位置に身を置く、「名ばかりの僧侶」である。親鸞は、教信沙弥を自己の理想とした。「名ばかりの僧侶」にも、「外面」と「内面」の二重化が存在するのも興味深い点である。

結論

「化身土文類」に貫かれているのは、すべてのものは「表面にあらわれたもの（顕彰）」と「内部に秘められたもの（隠密）」の「二重構造」によって「一つの全体が構成されている」という捉え方である。「顕彰」から「隠密」へと向かう経典分析の方法によって、外部性としての「他者」承認に基づく相互関係性、自我の絶対性の拒否、社会的なるものと精神的なるものの非分離性、化身土（現実世界、方便浄土）から真仏土（真実浄土）への展開の道筋を親鸞は明らかにした。このような二重構造への「めざめ」を生み出すのは、現実世界に現れる「方便法身」としての仏の「呼び声」、「仏を基準とし、自己中心主義のおろかさにめざめよ」（南無阿弥陀仏）である。

この「呼び声」を受け止めて初めて、自己中心主義的価値観の崩壊は生まれる。この「呼び声」を霊性のはたらきとして捉えることができる。この「呼び声」は「このままでいいのか」とわれわれに揺さぶりをかけ、態度決定をせまるものである。このような方向性への「めざめ」とその筋道の主体的把握によって、ひるむことなく人々に末法時代を生き抜く道を語り続けた人物が親鸞であった。

非暴力による世界の平和的共生を実現するためには、欧米中心主義的近代の思考を払拭することが求められる。一九世紀中期の「東学」創始者・崔済愚、二〇世紀七〇年代アフリカのスティーブ・ピコ、イランのアリー・シャリーアティーが宗教に見たものは、欧米的近代の根幹に存在する「自我の絶対化」「二項対立的思考」を打破する「相互関係性」、「非暴力」、「外部性としての他者」であった。かれらが共通に宗教を基盤としているのは、これらの認識が現実的な社会をうごかす力となるためには、霊性の「はたらき」が不可欠と考えたからである。これは親鸞においても同じことが言える。

親鸞は、化身土文類の「まとめ」でもあり、『顕浄土真実教行証文類』全体の結論でもある「後序」（あとがき）において、法然上人をはじめとする門下数名に対する不当な国家の弾圧を糾弾し、僧籍を剝奪された自己を、国家認定の僧侶でもなく俗人でもない、「名ばかりの僧侶」として捉えた。「名ばかりの僧侶」とは、国家によつて「認定」された「僧侶」＝「鎮護国家の僧侶」の拒否ばかりでなく、そこには民衆に仏の教えを語ることができるようになった、末法の世にふさわしい仏教者としての名乗りでもある喜びが表現されている。それは国家の弾圧が皮肉にも生み出したものであった。

親鸞は、結びの言葉に『華厳経入法界品』を、『往生要集』における源信の読み方に従った形で引用し、敵対者との非暴力共生（相生）を次のように説いている。

『華厳経』の偈に説かれている通りである。「さまざまな行を修める菩薩を見て、善い心をおこしたり善くない心をおこしたりすることがあっても、菩薩はみな摂《おさ》め取って救うであろう。（もし菩薩、種々の行を修行するを見て、善・不善の心を起こすことありとも、菩薩みな摂取せん）」（『顕浄土真実教行証文類《現代語版》』、六四六頁）

本来は、引用に続く後半部分、「謗をなすもまた結縁なり。われもし道を得ば、願はくば彼を引摂せん。彼もし道を得ば、願はくばわれを引摂せよ。すなはち菩提に至るまでたがひに師弟とならん」（『浄土真宗聖典《七祖篇》』本願寺出版社、一二七八頁）があり、省略されている。これは、その直前に「信順を因とし、疑謗を縁として」がすでに述べられているからであろう。

化身土文類は、親鸞の世界認識と、現実世界にありつつ、そこを突き破る道筋を示したものである。そこには「西洋近代」を超える方向性と同じものを見出すことができる。末法の世である現実世界の非人間性は、自己中心主義的社会体制としての「顕密体制」が生み出したものである。現代社会の問題点も、欧米的近代の基底に「自我の絶対性」「相互関係性の否定」「外部性としての他者の否定」が存在し、そのような「絶対的自我」がつくりあげた「世界」を「真実世界」と錯覚することから生まれる。

ここから「グローバリゼーション＝アメリカ・ファースト」というアメリカ中心主義的世界のあり方が、普遍的価値として強制される。「化身土」と「真仏土」の不二の関係はこの錯覚を解き、人類共生（相生）の世界への道を示すものである。「化身土文類」は、世界の構造認識を示すだけではなく、人間の自己中心主義からの解放の道を示している点においても、西洋近代を超える現代的意義があるといえよう。

親鸞は一三世紀の「顕密体制」をのりこえ、平和的共生（相生）社会実現の道を、仏教という「土着文化」に依拠しつつ、浄土経典の「状況化（contextualization）」によって切り開き、その取り組みを通じて人間社会にとって依拠すべき普遍的価値を甦らせた。その普遍的価値の再生こそが、「七世紀近代」（板垣雄三名誉教授）の具体的展開であるといえる。親鸞の提起は、今日の「ゆがんだ近代」を正常化させる示唆を与えてくれるものである。親鸞の取り組みは、「土着の宗教」を基軸にした、「近代」の提起を意味し、「土着的近代」の取り組みと呼ぶことができよう。またそこにおいて、「自我」中心主義と結合した「理性」とは異なる、宗教と結合した霊性のはたらきが主体形成において重要な役割を果たしているがゆえに、「霊性的近代」（趙晟桓博士）の取り組みと呼ぶこともできよう。このような「西洋近代」を超える「土着的近代」の取り組みは、今後も世界で継続して現れるであろう。

四　水俣病運動における平和共生思想とその実践

はじめに

日本では、「物質的豊かさ」のあくなき追求が「社会発展」をもたらし、それによって自動的に人間の「幸せ」が実現されていくという「イデオロギー」が、一九五〇年代半ばから、国民の間に浸透していた。これは、一九五五―一九七〇年まで、一〇％前後の経済成長を続けてきた日本の現実の反映であった。しかし同時に、この「高度経済成長」は重化学工業と密接に結びついており、その「発展」は、大気汚染、工場排水などによる被害を不可避的にもたらした。この典型例が「水俣病」であった。

「水俣病」とは、一九三二年以来、日本窒素肥糧株式会社（後のチッソ株式会社）の水俣工場から海に排出され続けてきた有機水銀が、魚介類を通して体内に取り込まれ、その蓄積によってもたらされる中枢神経疾患、脳の神経細胞が消失・傷害される病気、を意味する。それにより、多くの人々、生き物が亡くなり、生き延びた人々もその後遺症に苦しんだ。またこの病気は胎児にも、もたらされた。水俣病の公式確認（一九五六年）を経て、この現実に抗する組織的運動は、一九五九年、不知火海漁民三、〇〇〇人による、チッソ水俣工場が海へ排出する有機水銀排水の停止要求行動から始まる。一九六八年には、政府は「水俣病」を「公害」と認め、「患者訴訟派」は「チッソ」に対する損害賠償請求訴訟を熊本地裁に提訴し、同年、石牟礼道子氏等の呼びかけにより「水俣病を告発する会」が発足する。

緒方正人氏や石牟礼道子氏らを中心にして一九九四年に結成された「本願の会」は、「チッソ・国・熊本県」に抗する闘争に存在する、制度・構造の「責任追及」が限界に行き着いたときに、「いのち」の繋がりの回復に必要な取り組みとして生まれたと言える。「水俣病」では「チッソ・国・熊本県」の三者が「加害者」であることは構造的事実であるが、闘争では「人間の責任」という大きな問題は問われなかった。

「本願の会」は、「加害者」「被害者」の関係を「二項対立」的に見るのではなく、「共に立つ場」を、水俣の埋め立て地に設定し、そこで新作能『不知火』を上演（二〇〇四年）するという取り組みを呼びかけた。「本願の会」の参加呼びかけを「チッソ」本社が認めたことによって、「チッソ」の社員も「加勢《かせ》委員会（実行委員会）」に主体的に参加を申し出るようになり、はじめて「被害者」「加害者」の二項対立を超える道が拓かれたばかりか、水俣病患者と患者でない市民との「深い対立」も超える道も拓かれるようになった。

「水俣病」をもたらした「加害者」は「チッソ・国・熊本県」であり、「被害者」は住民であるが、「物質的豊かさ」を求めてきたのは、「住民」「県民」「国民」でもあり、「加害者」「被害者」の二項対立的構造をこえた、平和的共生の視点と実践が必要であった。この小論では、それを可能ならしめたのは「本願の会」の活動であり、そこにみられる土着的宗教における平和共生運動を可能ならしめたものは何かを明らかにしたい。

「本願の会」の設立者・緒方正人氏における思想の転換

1 「被害者」「加害者」の二項対立から「相互関係性」の視点への転換

水俣病患者訴訟派・自主交渉派は、一九六九年に「チッソ」に対する損害補償請求訴訟を熊本地裁への提訴後、一九七四年、「チッソ」と補償協定に調印した。緒方正人氏は、一九七四年に「水俣病患者」としての「認定」を申請し、発足間もない「水俣病認定申請患者協議会」（川本輝夫世話人）に加わり、活動を開始する。しかしながら、緒方正人氏によれば、その当時の運動は、「裁判や認定申請」という制度の中で、手続き的な運動が中心になっていた。緒方氏はそうならざるを得なかった社会的・政治的理由について、次のように述べている。

熊本県知事に認定申請をして、そこで認められなければチッソは患者として認めないし補償の対象にもならないということが定着していました。どこかで裁判をしたり、あるいは認定申請という手続きをしなければ、直接の加害者であるチッソの所に行けない。（緒方正人『チッソは私であった』、河出文庫、四三頁、二〇二〇年）

ここには、問題解決の道が「政治的制度」に矮小化され、限定化されたため、それを超えて人間そのもののあり方を問うという方向性が妨げられたことが示されている。その結果、運動自体が問うべき「構造的な水俣病事件といわれる責任」は「システムの責任」に矮小化され、最も大切な「人間の責任」という課題が、運動組織と企業・熊本県・国の双方から「抜け落ちてしまう」ことになったのである。

「チッソ」は加害企業であり、国や熊本県がそれを擁護し、産業優先政策を推し進めてきたことは事実である。運動体にとって、その加害責任を追及している時期には、「自己」は「被害者」であるゆえに、「自ら」が問われることはない。しかしながら「人間の責任」に目を向けたとき、今度は「お前はどうなんだ」ということが問われる。それは、自分が「チッソの労働者、あるいは幹部」であったとしたらどうしたであろうかを問うものであり、「絶対同じことをしていないという根拠」は見いだせないのである。

「近代化」に象徴される「物質的豊かさ」を求めた「社会」は、「私たち自身」でもあることに目覚めた緒方正人氏は、「被害者」「加害者」の二項対立を超えていく視点を持つことの必要性を得たのだ。かくして、緒方氏は次のような結論に達する。

私は加害者チッソといったときに、以前は自分と離れた別の存在だと思っていました。会社であり、権力であり、体制だと思っていた。ところが、自分に問われていること——、事件の意味を考えている時に、私自身ももう一人のチッソだったと考えるようになったわけですけど、いのちのつながりから自分自身も遠ざかっているのではないかという危機感がありました。……時代そのものがチッソ化してきたのではないかという意味で、私も当事者の一人になっていると思います。……かつては、チッソへの恨みというものが、人への恨みになっていた。チッソの方は全部悪者になっていて、どっか自分は別枠のところに置いていた。しかし、私自身が大きく逆転したきっかけは、自分自身をチッソの中に置いた時に逆転することになったわけです。（『チッソは私であった』、七二—七三頁）

かくして、緒方正人氏はこのような二項対立を超える行動を開始する。それは、「チッソの工場の門前に一人座って、『身を晒《さら》す』ことであった。それは、チッソが自分の出発点でもあり、表現の場であるということ。しかし他方では、その自分が同時に、いつでもチッソの中にとり込まれてシステムの一員となり得る存在でもあること。俺にとってチッソがそういう両義的な意味を持つ場所であることを確認しておきたかった」（語り・緒方正人、編著・辻信一『常世の舟を漕ぎて』、ゆっくり小文庫、一五二頁、二〇二〇年）からであった。

2「相互関係性」の具体化を目指す緒方氏の行動と人々の意識変化

一九八七年一二月に、緒方正人氏は、「プラスティック舟」ではなく、あえて木造舟の制作を依頼し、帆をかけたその舟に乗って、海からチッソの工場に向かった。漁港に着くと、用意しておいたリヤカーに七輪《しちりん》、筵《むしろ》、焼酎《しょうちゅう》を載せてチッソ工場の正門に向かい、正門のすぐ内側にある守衛所へ行って名乗り、「水俣病のことで門前に座る」と挨拶して、筵を敷いて座った。そして用意をしてきた筵に、「チッソの衆」「被害民の衆」「世の衆」の三者に次のような呼びかけを書き、それらを金網に立てかけた。

〈**チッソ**の衆よ〉この、水俣病事件は／人が人を人と思わんごつなった、そのときから／始まったつバイ／そろそろ「**人間の責任**」を認むじゃなかか。／どぅーか、この「問いかけの書」に答えてはいよ／チッソの衆よ。／はよ**帰ってこーい**。／**還ってこーい**。

〈**被害民**の衆よ〉近頃は、認定制度てろん／裁判てろん、と云う、**しくみ**の上だけの／水俣病になっとらせんか。／こらー／国や県に、とり込まれとるちゅうこつじゃろ。／水俣病んこつは、人間の／生き方ば考えんばんとじゃった。／この海、この山に向きおうて、暮ら

すこつじゃ／患者じゃなか／人間ば生きっとバイ。
〈**世の衆よ**〉この水俣に環境博を企てる国家あり。／あまたの人々をなぶり殺しにしたその手で／この事件の幕引きの猿芝居を／演ずる鬼人どもじゃ。／世の衆よ／**この、事態またも知らんふりするか。**

（いずれも『常世の舟を漕ぎて』、一六〇―一六二頁）

ここでは、まず第一に、「チッソ」に対して、水俣病事件は「人間」というものを考えなかったがゆえに起きたものであるから、今こそ「人間の責任」という立場に戻りなさい、「限りなき命」へ戻りなさい。これこそが、被害者・加害者の二項対立を超えて共に生きる唯一の道であるという、新たな共生の立場の提起がみられる。

第二は、被害者に対する人間回復の呼びかけである。水俣病改善の道が、認定制度の袋小路にはまり込み、肝心の人間回復の道が忘却されていることへの警鐘である。そのためには、自分もその中で生かされている自然に向き合うことが必要である。

第三は、一般市民に対しての呼びかけである。水俣病は「人間無視」が根底にあり、そのことに対して、国家・県は目を向けようとせず、わずかばかりの「補償」で幕引きをしようとしている現実に目を向け、共に人間回復の立場に立ってほしいという提起である。

この「三者」に対する提起は、「二項対立」を超え、社会的立場を超えて、人間回復を基軸として、平和的共生社会に向かう共通基盤となるものである。それゆえ、このような提起をして、チッソ正門前に座っている緒方正人氏に対して、通行人も話しかけてくれたり、挨拶するチッソ関係者も現れた。また草履《ぞうり》を作っていると、チッソの従業員がそれを求めたので、作ってあげたりしている。また、「わらじ」を作っている緒方氏を見て、「懐かしい」という言葉を発するチッソの労働者に、「会社人間の顔が一瞬消えて、違う表情が現れる」ことに緒方氏は気づいた。

このようにして、緒方氏の行動は、「制度」に取り込まれた人々を徐々に人間化させ、対話を可能ならしめたのである。ここに、二項対立を超えた道が実践的に開かれ始めたことを見ることができる。緒方氏は、このような行動を振り返って、次のように述べている。

こうやって行動したことにはまったく悔いはないです。自分で決めたことだから。「問いかけの書」を出すだけで終わってたら、「南無阿弥陀仏」と念仏を唱えるだけの人間になってたかもしれない。いわゆる既成仏教、葬式仏教的なものに逃げ込んでいた可能性はあります。しかし、自分を表現したい、自分を確かめたいという気持ちが強かったんでしょう。行動にうつして本当によかったと思っています。（『常世の舟を漕ぎて』、一七一頁）

緒方氏は、一九八六年一月六日に、チッソ株式会社社長に「問いかけの書」を提出した。そこには共に人間に立ちかえることの呼びかけと自己の行為に対する反省の告白の必要性が述べられている。それに対する返事が不十分であったため、緒方氏は一九八七年一二月七日、チッソ工場の門前に「自分はいつでもチッソの前にいる」ことを確認するため、「身を晒す」という非暴力行動を実行にうつしたのであった。その行動は、チッソは「自分の出発点であり、表現の場」であると同時にそれは、同時に「自分がいつでもチッソの中に取り込まれてシステムの一員となりうる存在であること」を示すためでもあった。

緒方氏の行動には「南無阿弥陀仏」への言及にみられるように、宗教性が存在している。緒方氏は「南無阿弥陀仏」を「心の中」だけに閉じ込め、信仰と社会的行動を分離する「教団浄土真宗」を批判する。この批判は、人間が解放されるためには、「こころ」と「社会的活動」は不二一体であり、自己を絶対化せず、相互関係の中に自己を位置づけ、他者を敵視せず、非暴力的共生の視点が緒方氏には貫かれているからである。この視点は、本来、どの宗教にも存在するものであるが、「欧米型近代」においては、欠落ないしは軽視されている。これに対して、緒方氏の視点は、今日の宗教が陥りがちな、「非社会性」を克服するものでもある。

「欧米型近代」において、主流的宗教思想では、その役割は「心の中」だけに限定される傾向が強い。日本における浄土真宗教団の主流となる思想においても、同様であり、「南無阿弥陀仏」を観念の世界に閉じ込める傾向が明治以降、強くみられる。そこからは、主体的決断と行動は生まれず、支配的政治的イデオロギーに迎合した行動しか生まれない。これが近代天皇制のもとにあった浄土真宗教団の姿でもあった。

　水俣が位置している熊本県は、北陸地域に次いで浄土真宗が人々の生活の中に定着している地域である。しかしながら、この地域の「教団浄土真宗」は水俣病運動に対する支援については、何も行わなかった。それは、とりわけ明治以降、「南無阿弥陀仏」のはたらきを「心の中」だけに限定し、社会的活動に対しては「世俗法」に無条件に従うことを強制していたからであり、そのイデオロギーが今日も現実的には主流となっているからである。これに対して、「限りなき命につながれ」という緒方氏の思想と行動は、「南無阿弥陀仏」を社会と結びつけ、共生社会の実現を目指す、本来の親鸞浄土真宗を下から、民衆の側から蘇らせる試みにつながりうる。

　人間が価値観を転換したとき、それは行動と結合する。とりわけ水俣においては、「水俣病」を克服し、人間性を回復させるためには、価値観の転換が必要であり、それは行動と結合する。その行動を展開したとき、新たな世界が開かれるのである。緒方正人氏の行動は、今まではほぼ不可能であった、他者・敵対者との相互対話の具体化をもたらした。緒方氏の行動は、「みかえり」を求めないものであり、そこに宗教性がみられる。

　緒方氏は、従来の「認定申請」に特徴的に表れている運動の限界性を感じたとき、人間性の回復への取り組みしか残されていないことにめざめた。その取り組みの方向が何をもたらすかが不明であっても、主体的にその方向を選択・決断するしかなかった。宗教はこのような決断を可能ならしめ、それを護ってくれるものであり、その具体例として、浄土真宗の源流となる、中国浄土教における善導（六一三―六八一年）の思想を見てみたい。

浄土教における人間の「行動決断」の構造

1　善導『観經四帖疏』における行動の決断の構造

宗教において行動への決断と立ち上がりは、どのような構造を持っているのであろうか。この課題について、中国浄土教の大成者であり、法然《ほうねん》が依拠した善導は、『佛説観無量壽經』の注釈書である『観經四帖疏《かんぎょうしじょうしょ》』の「二河譬《にがひ》」において応えている。これは譬喩として、煩悩の現れに譬えられる、「火の河（激しい怒り・腹立の譬え）」と「水の河（激しい欲望・執着の譬え）」の間に浄土真実世界まで続いた、幅一〇センチメートルほどの道を前にしたとき、旅人（求道者の譬え）がどのような決断をし、実行し西の岸（西方浄土）に到達したかについて述べたものである。

西（浄土）に向かって、荒野を歩む一人の旅人（求道者）がいる。すると忽然と、目の前に「水・火」の二つの大河が現れた。どうすべきか考えていると、盗賊や恐ろしい獣が現れ、その旅人を襲って殺そうとした。旅人は逃れようとして、西に向かったがこの大河を見て、つぎのように思った。

この河は、南北に果てしなく、まん中に一筋の白い道が見えるが、それは極めて狭い。東西両岸の間は近いけれども、どうして渡ることができよう。わたしは今日死んでしまうに違いない。東に引き返そうとすれば、盗賊や恐ろしい獣が次第に迫ってくる。南や北へ逃げ去ろうとすれば、恐ろしい獣や毒虫が先を争って私に向かってくる。西に向かって道をたどって行こうとすれば、また恐らくこの水と火の河に落ちるであろう。……わたしは今、引き返しても死ぬ、とどまっても死ぬ、進んでも死ぬ。どうしても死を免れないのなら、むしろこの道をたどって前に進もう。すでにこの道があるのだから、必ず渡れるに違いない。

（親鸞『顕浄土真実教行証文類《現代語版》』、本願寺出版社、一八四頁、二〇〇〇年）

これは自分が置かれた現実を行動によって克服するための決意を述べたものである。この場合、東方から迫ってくる盗賊・猛獣に立ち向かっていっても、逃げても、その場に留まっていても、無力な自分の死は明らかである。残された道は、水・火の河の真ん中にある幅一〇センチメートルほどの道を歩むしかなかった。彼には、この道が正しい道であるという理論的根拠はなかったが、その道が唯一選択できるものであり、その道を信じたがゆえに、歩む決断をしたのであった。この体験は、今まで体験したことのない、他に選択の余地なき自己決断であった。そこには、自己を絶対化した思考の論理は存在しない。

興味深いのは、旅人がその道を歩むことを決断したとき、東の岸からその幅一〇センチメートルほどの道を行けと勧める呼び声が聞こえ、西の岸からは「来るがよい」と呼ぶ声を聞いたことである。「東の岸」は現実世界を意味し、そこで聞いたのは釈尊の呼び声であり、「西の岸」は西方浄土世界を意味し、そこから聞こえた声は阿弥陀仏の呼び声であった。この旅人は、盗賊たちの「命を奪わないから、引き返せ」という声には耳を貸さず、浄土への道を歩むことを実行した。その道を渡りきれたのは、「東の岸」の釈尊の「行け」という声と、「西の岸」の阿弥陀仏の「来い」という声、霊性の「はたらき」を聞いたからである。

旅人が、この道を選択し、歩もうと決定したのは、彼自身の個人の判断であったが、その判断の根拠は自分にはなかった。その判断が揺るぎないものになったのは、「東の岸」（現実世界）からの、自己の外部性としての「行け」という釈尊の呼び声と、「西の岸」（浄土真実世界）からの「来い」という阿弥陀仏の呼び声を聞いたからである。釈尊は人間の形をとって、「預言者」として阿弥陀仏の救いを語り掛ける存在である。しかし釈尊は、すでに入滅しているため、姿は見えず声だけが聞こえたのであった。釈尊を通じてあらわれた声は、同時に西の岸にある西方浄土からの阿弥陀仏の声でもあるのだ。

旅人が、浄土への道を歩むことを実行し、その道を渡り切れたのは、浄土（真実世界）に生まれたいという願いを彼に起こさせた阿弥陀仏の「廻向発願心《えこうほつがんしん》」によるものである。彼は、阿弥陀仏から差し向けられた、「廻向された願心」の「はたらき」に護られたがゆえに、あらゆる誘惑によって引き返すこともなく、二河へ落下することなく、浄土に生まれることができたのだ。

2　緒方正人氏の「決断」と『観經四帖疏』の共通性

緒方氏は、「人間の責任」を問うため、チッソの正門の前に座るという行動を開始した。それは、従来の運動には、「人間の責任」を問うという視点がなく、共生社会を実現する道が存在しないことを確信したからであった。新たな道は、善導が示した道以外にはなかった。「旅人」が救われるためには、「留まること」（何もせず殺されてしまうこと）や「逃げること」（逃げても殺されること）ではなく、危険性はあるが、恐ろしい火の河と水の河の間にある細い、浄土に続いている道を選択し、その道を歩むしかなかったのだ。この道は実践的には証明されてはいなかった。緒方氏が、結果として何が起こるかを想定することなく、「チッソ」工場の正門前（正確には横）に「座り込み」を実践したのは、「旅人」が「二河」の間にある狭い道を選択し、その道に足を踏み入れたのと同じである。

緒方氏にとっては、「座り込み」という行為は選択できる唯一のものであった。その結果が何をもたらすかの確信も持たずに、「チッソ」「チッソの労働者」「市民」「患者」の中に自己の身を置き、身を晒そうとしたのだ。そのような見返りを求めない、緒方氏の行動は、人々の間にあった「二項対立」的な「遮蔽物」を取り払い、対話・相互交流を、すなわち相互関係性の具体化の道を切り開いたのである。このことが可能になったのは、緒方氏の個人の決断による行動が、「個人の行動」に留まることなく、他者に影響力を与えて、他者との相互関係性を実現する普遍性を内在する行動であったからであろう。

その決断の行動と普遍性が一体化したのは、善導の「二河譬」における「釈迦弥陀二尊」の「行け」「来い」という呼び声を旅人が受け止めたのと同じことが、緒方氏にも起こったからであった。それが「限りなき命につながれ」という外部性としての絶対者の「呼び声」であったのだ。それゆえ、緒方氏の行動は、普遍性をもち、人々の意識を変えたのであった。緒方氏も、このような「座り込み」の活動を通して、「二項対立」を超え、すべての人間が平和的に生きる道筋の実践的可能性を確信したのであろう。それゆえ、活動は「座り込み」以後、新たな展開を見せるのであった。

緒方氏は、一九八七年一二月七日から「チッソ」工場の正門の前で「座り込み」を行い、その行動の中で、自然に他者との対話がなり立ち始めたのを実感した。おそらくそれは、「釈迦弥陀二尊」の「本願」の呼び声に対比されうる、「限りなきいのち」の呼び声を心の耳で聞いたからであろう。緒方氏は、「座り込み」で得た実践的成果をさらに新たな共生平和運動へと発展させるために、石牟礼道子氏等と共同で「本願の会」を一九九四年三月に発足させる。「本願の会」は、「政治的和解決着」がいわれるようになってきた現実の中で、「水俣病事件」

を風化させることなく、平和的共生社会構築に向けてどのように継承していくべきかの運動を引き受ける役割を果たすこととなったのである。

「本願の会」の活動の意義

1「本願」とは何か

「本願の会」は、上田義春氏、浜本二徳氏、緒方正人氏、杉本栄子氏、杉本雄氏、石牟礼弘氏、西弘氏、石牟礼道子氏らの集まりを契機として発足した（「魂うつれ」、『環』Vol.25、一五八頁、藤原書店、二〇〇六年）。以前から「水俣病」問題については、「政治的和解決着」が問題となってはいたが、「政治的和解決着」の後をどうすべきか、だれが引き受けるべきかが問われる中で、「本願の会」は生まれた。緒方氏は「本願の会」の誕生について次のように述べている。

いままでの患者団体とか支援団体の名称からすると、この「本願の会」というネーミングはいままでにはなかった、ちょっと宗教性をにおわせるような名称になっているわけです。この時に、じゃあ、どういう名前の団体をつくろうかというので、みんなで考えようということになって、「本願の会」というのはどうだろうかと提案をしたのは、私だったと思います。名前を提案した立場上も、じつは「本願」とはなんだろうと、いまだに考えさせられています。思い当たるところでは、「命の願い」ということが「本願」という言葉にこめられているのではないかと思ってきました。いわゆる浄土真宗の本願寺の「本願」というのがヒントの一つになったことは確かですけれども、私自身は、そういう宗教心は、それ以前にはほとんどなかったものですから、「命の願い」というのが「本願」という名にこめられていて、おそらくこの一〇年来、もっとも活動的な団体ではなかったかと思っています。（前掲書、一六〇頁）

緒方正人氏は、「本願」とは「命の願い」であると捉える。この捉え方は、浄土真宗の開祖・親鸞の捉え方と一致している。なぜなら、「本願」とは、阿弥陀仏の衆生救済の願いであり、その救済の「はたらき」であり、阿弥陀仏の本質は「無量光（限りなき智慧）」であると同時に「無量壽（限りなきいのち、慈悲）」でもあるからだ。緒方氏は、本願寺教団には一定の距離を持っているように思われる。これは、おそらく本願寺教団や教団に属する、その地域の真宗寺院や僧侶が、門徒（信者）である「水俣病患者」に寄り添って、問題解決に取り組む姿勢を見せなかったからではあるまいか。緒方氏は本願について、さらに次のように詳しく言及している。

本願とは、大いなる自然の命に繋がる、そのことに目覚めるということだと私は思います。

……（本願とは）私としては、共に命としてあらんことを願うというふうで、その願いとは、実は私たちの方にかけられている。私たちが願っているということだけでなくて、おそらく、私たちの方にかけられた願いだろうと思います。水俣病事件についても、水俣病が問いかけるもの、問いかけることというときに、問いかけられているものは、その本願だろうと思います。（『チッソは私であった』、一四七―一四八頁）

緒方氏においては、本願とは、大いなる自然の命に繋がることへの「めざめ」であり、それはわれわれにかけられた「ともに命としてあらん」という願である。「大いなる自然の命」とは、「限りなき命」としての「阿弥陀仏」の衆生救済の「はたらき」でもある。親鸞によれば、「自然《じねん》」とは衆生に対する阿弥陀仏の「転悪成善《てんあくじょうぜん》（悪を善に転じること）」の「はたらき」であるが、それをわれわれに語り掛けるのは、自然《しぜん》における具体的個物を通してである。「いのち（生命）」の本質は、その「はたらき」にあると緒方氏は述べているが、それは本願と同義の「魂」でもあり、「問い、問われる、考え続けていくという運動性を魂はもっている」のであり、その「はたらき」から、われわれは「メッセージ」を感じ取ることが必要なのである。緒方氏の行動は、このような「本願」、「大いなる自然の命」の呼びかけ、メッセージを受けとめ、それと一体化したゆえに、自然に「二項対立」を超えた、他者との対話が生まれるという普遍性を獲得したのである。

2　親鸞浄土思想の現代化としての「本願の会」の思想

われわれは緒方氏の行動への決断、その決断が「大いなる自然の命」との一体化したものであることが理解でき、そこに善導の「二河譬」における、浄土へと歩む旅人の姿と同じものをみることができる。

「本願の会」の「本願」とは、本来は浄土教における阿弥陀仏による衆生救済の「誓い」「願い」とその「はたらき」を意味する。水俣は、前述のように浄土真宗が北陸に次いで歴史的に栄えていた地域であり、その思想は人々の生活文化の中に浸透している。門徒と呼ばれる浄土真宗信者は、日常的に『正信偈』（親鸞著『教行信証』の「行文類」巻末の念仏讃歌）を勤める。『正信偈』は、「帰命《きみょう》無量壽如来《むりょうじゅにょらい》」という言葉で始まる。この冒頭の「帰命無量壽如来」は「限りなきいのち（無量壽）」としての仏に、生命の本源に、帰れという呼びかけであり、それに従うという決断を意味する。この「限りなきいのち」は、阿弥陀仏の衆生救済の誓いであり「はたらき」であり、それが「本願」なのである。

『正信偈』は、「本願」の「いわれ」と衆生救済の展開をときあかしたものであり、阿弥陀仏の「この上なくすぐれた願（本願）」の展開を示したものである。この「本願」を成就した阿弥陀仏が光明（智慧）を放って、広くすべての人々を照らすことによって、すべての人々は、自己中心主義の愚かさにめざめさせられるのである。

「本願の会」という名称は、水俣地域の生活の中でもっとも身近な浄土真宗の「キー・ワード」の「本願」に基づいたものである。「本願」という言葉は、『正信偈』の中にも何か所かにみられる。例えば、「如来所以降興出世、唯説弥陀本願海（釈尊を始めとする諸仏がこの世に現れた理由は、ただ阿弥陀仏〈かぎりなき命〉による衆生救済の願いと、その「はたらき」を説くためであった）」、「憶念弥陀佛本願、自然即時入必（阿弥陀仏〈かぎりなき命〉による衆生救済の願いと「呼びかけ」を信じれば、おのずから、ただちに、現世において弥勒菩薩と同様に、他者と連帯し他者救済活動が可能となる）」。

「本願」とは、「限りなき命」による衆生救済の「呼び声」であり、それは絶望的な現実世界に向けて、〃かぎりなき命とのつながりにめざめよ〃という呼びかけとなってあらわれる。それを受け留めることによって、自分を見つめる新たな自己が誕生し、われわれは自己客観化が可能な主体的人間となることができる。このような人間は他者との対話交流ができる人間であることが、緒方氏の「座り込み」の結果からも明らかとなる。「限りなき命に繋がる」ことは、すべてのものは、その「限りなき命」と等位関係にあることであり、同時にすべての存在は異なりつつも、相互関係の中にあることを示している。ここに、われわれは、「二項対立」を超えた「相互関係性」の世界を実感できるのである。この「相互関係性」を具体化するためには、地域に根差した「土着文化」の現代化が求められるのである。

従来の水俣病患者運動は、前述のように「二項対立」が基盤となっていた。この現実に気づいたとき、あきらめて自己の世界に閉じこもって、心の平安を求めるのではなく、「二項対立」を克服する闘いが必要であった。その闘いは、自己客体化を可能ならしめた「限りなき命」からの、「もとの命につながれ」という呼びかけに「めざめさせられた」人々の闘いであった。それこそが、「欧米型近代」の呪縛のもとにあるすべての人々が解放されるべき闘いであった。その先頭に立ったのが、「本願の会」であった。緒方氏は次のように述べている。

では、なぜ闘いが必要だったのかということですが、おそらく、そのような水俣の漁民や被害者たちの精神的世界からの呼びかけこそ、闘いの最も肝心なところではなかったのか。つまり、命の尊さ、命の連なる世界に一緒に生きていこうという呼びかけが、水俣事件の問いの核心ではないのかと思っています。（緒方正人『チッソは私であった』、六九頁）

「本願の会」は、「二項対立」を超えて、すべての存在が立つべき共通の場を求め、その場所を「水俣の埋立の地」に定め、そこに「野仏さま」を建立し、それを仲立ちとして、「社会的立場を超えて」共生の出会いをつくることを決意している。そしてその具体化の一つとして、「実新作能『不知火』の上演の実施を提起した。上演実施のためには、社会的立場を超えた「実行委員会」が必要であり、その実現のためには、地域のだれもが理解できる共生の理論を、地域に根差した土着的文化からつくりあげることが求められた。その基本にあるのは「相互関係性」であり、その内容を構築するのは、土着文化の「ぬさり」「ごたがい」「もやい直し」という概念であった。

「ぬさり」「ごたがい」「もやい直し」概念の宗教性と新作能『不知火』の上演運動

1 「ぬさり」「ごたがい」「もやい直し」と相互関係性の概念

「本願の会」の活動には、授かりものとしての命を意味する「ぬさり」、相互関係性を意味する「ごたがい」、共同体の連帯の実現をはかる「もやい直し」などの、地域に根差した土着概念が存在する。石牟礼道子氏等と協力して「本願の会」を立ち上げた緒方正人氏は次のように述べている。

「ぬさり」、あるいは「のさり」は熊本の方言で、授かりものという意味です。それもこれも縁として、授かりものとして引き受けて生きていかねば……、という思いがそこに込められている。……もうひとつ、「ごたがい」というのがあります。……それは人間同士の間でお互いに依存しあい、助け合って生きているということだけを意味するわけじゃない。「ごたがい」には、海も山も何もかも含まれとっとですよ（含まれています）。我々人間は「ごたがい」の環の中にあって、そのお陰で生きている。（緒方正人『常世の舟を漕ぎて』、二二八

—二二九頁）

「ぬさり」とは、自己を超えた存在者（絶対者）から「縁つながり」として、いただく尊い授かりものであり、「いのち」としてのその「授かりもの」は、自分勝手に処分できるものではなく、それを受け止め守り育てねばならない。「授かりもの」としての「いのち」を与える絶対者はすべての存在を差別しない。この絶対者の下では、すべての多様な存在者はつながっており、平等である。このような共通理解を持つことによって、他者とのつながりが自覚される。

すべての存在者のつながり、相互依存性を意味する言葉が「ごたがい」である。「ぬさり」の理解は、「ごたがい」という相互関係性の中で明確になる。「ぬさり」と「ごたがい」は相互に関係しあっており、人間はその関係性の中で生かされるのである。その人間の関係性、人間相互の繋がりを現実化したのが「共通の海」を媒介とした、相互に繋がりあう生活共同体なのである。この共同体を再生・活性化させるのが「もやい直し」なのだ。

「もやい」とは、人間の孤立化を相互関係の中でときほぐし、連帯を可能ならしめることを意味する。したがって、「もやい直し」とは、非暴力的に共同体を再生・活性化させる実践を意味する。その具体的取り組みが、新作能『不知火《しらぬい》』の上演運動であった。

この運動は、「水俣病闘争」の中で生まれた「加害者」「被害者」の二極対立の構造に一般市民も辟易していた状況を克服するものであった。その克服は、「加害者」も「被害者」も共に立つ場を見出すことであった。その場は「水銀ヘドロで埋め立てられたあの水俣の土地」である。「水俣で死んでいった死者たちを呪術的な表現で甦らせることで魂の深いところに訴え、生きている側の人間たちに、より強い悔恨と哀しみを呼び起こすことのできる」（田中優子『苦海・浄土・日本』、集英社新書、二二〇頁、二〇二〇年）、新作の「能」をその場所で上演することこそが、対立を克服するものとなるのだ。そのための実行委員会を、土着の言葉で「各々の立場を超えた人々の助け合い」を意味する「加勢」委員会と名付け、「加害企業」である「チッソ」にも「本願の会」は参加を呼び掛けた。その結果、部長、工場関係者、社員らが四〇名近く参加し、新作能『不知火』の上演は成功した。

2　新作能『不知火』（石牟礼道子）の意義

「本願の会」の杉本栄子氏は、重症で身動きも不自由であった。その杉本氏の、「人間の罪に対して、自分の罪に対して祈っている」という言葉を聞いた石牟礼道子氏は、次のように述べている。

> 罪なくして苦悶のどん底に落とされた人が、人間たちの罪を全部引き受けるとおっしゃるのである。チッソの罪、政府の罪とはあえておっしゃらない。人間の罪、それは患者で

ある自分が引き受けたと。さらにその罪を、自分の「守護神にする」のだと。……ひょっとすれば、水俣の業苦の中から、神に近い人々が生まれつつあるとわたしは思う。（『石牟礼道子全集　第一六巻』、藤原書店、二〇一三年）

この言葉は、石牟礼道子氏が新作能『不知火』を生み出した原点である。新作能『不知火』は、「この世の毒をさらえる龍神の姫と弟の死と、魂の復活の神話」である。石牟礼道子氏によれば、その内容は、水俣を象徴してはいるが、「日本人の魂の行く末を念じる気持ち」をも込めたものである。この物語の粗筋は以下のとおりである。

魂を抜き取られ、生きてはいるが亡骸になったことを知らない人間は、母なる海や大地を毒によって妖変させた。その海や大地を人間が滅びるまえに、龍神の姫である不知火と、弟神である常若《とこわか》は、「人間界の毒を海陸ともにさらえる使命を持っているがゆえに、人間たちが滅ぶまえに死んでいく」。末世に現れる救世菩薩（隠亡の尉《おんぼうじょう》）はこの二人を憐れんで結婚させ、呼び寄せた怪神・夔《き》は水銀にまみれた浜の石を打ち鳴らし、歌う。すると、死んだ猫たち、百獣は胡蝶となって、舞い出て蘇る。

この作品には、尊い犠牲をへて、二項対立を超えた平和的共生社会を作り上げようとする強い願いが込められており、その上演運動は、立場の異なる人々が「共に命としてあらん」という願いを具体化させたものであった。この「人と自然との共生、人と人との共生」を現実化させた運動の力は、それ以後の社会政治的課題においても大きな役割を果たした。それは、二〇〇六年二月、水俣市の山間部における産業処分場建設問題をめぐる市長選挙においても、「水俣病患者と一般市民が一致して反対し、それが反対派の候補者の圧倒的な勝利に結びついた」（鶴見和子「もやいなおし」、『環』Vol. 25、六頁）ことにも見ることができる。

まとめにかえて

「本願の会」の活動は、自己もその一部である「自然《しぜん》」、自己が育てられてきた「自然」を二重化し、そこに現れる「無量寿という限りなき命の存在者の呼びかけ」にうなずくことが基軸となっている。そこに至るためには、自然の「材料」化と物質的豊かさの追求によって自動的に人間の幸せが得られるというイデオロギーの克服が必要であった。なぜなら、「水俣病」をもたらした直接的責任は、チッソ・国・熊本県にあることは事実であるが、「物質的豊かさ」の追求という点では、市民もそれに「加担」したといえるからである。

このイデオロギーの克服には、自己中心主義の生き方から相互関係性を基軸とした生き方へと変革することが要求される。自己の生き方の変革においては、宗教は「科学」とは異なった、「自己を問う」重要な役割をはたすことができる。価値観の転換と行動において最も重要な役割を果たすのが、地域に根差した宗教文化である。「本願の会」の運動は、「限りなき命」

の呼びかけを基軸とすることによって、「自己中心的価値観」の非人間性を問い、人々に相互関係性、差異と平等の併存の自覚をもたらし、立場を超えた共同の実践の血肉化が可能となったのである。このような地域の土着宗教に根差した活動は、「科学」「政治」では変えることのできなかった、二項対立的・非人間的な現実を非暴力平和共生社会への変革へと導いたのである。

五「アジア宗教平和学会」の設立に――「エキュメニアン」書面インタビュー

Q1　平和が大切な状況のなかで「アジア宗教平和学会」が創設されたと伺い、うれしく思います。アジア宗教平和学会の趣旨と意味、創立経緯についてご紹介ください。

東アジア地域では、近年、軍事的・政治的対立が深刻化しています。日本では、二〇二二年一二月に「安全保障三文書」が閣議決定されました。この「三文書」では、日本が攻撃されていなくても、敵基地攻撃能力を使ってアメリカと一緒に相手国を攻撃できることが明記され、このことを実現するために防衛費が五年間で四三兆円となり、日本は世界第三位の軍事費大国になってしまいます。この方向は、完全に日本国憲法九条に違反します。戦争に対して戦争で応えていては、双方に止まることなき「憎しみ・憎悪」の連鎖を生み出すだけです。

また、二一世紀に入ってからは、「不平等の両極化」が生み出す「格差社会」、「現代化された貧困」は日本、韓国において深まってきました。このような社会に対する人々の怒りは、日本では根本原因の解明から人々の目をそらせて「民族主義的排外主義」へと誘導され、東アジアの軍事的・政治的対立を高める役割に利用されています。世界では、ウクライナとロシアの戦争やイスラエル・ガザ紛争などにより、数多くの人々の命が奪われています。このような時代こそ、人々が国境を越えて対話することによって、下から、内から平和構築の理論をつくりあげることが必要だと考えます。その場合、宗教を基軸にすることは非常に現代的であると考えます。なぜなら、「国境や民族を超えること」、「非暴力による平和構築」、「減暴力」には、宗教は最も有効なはたらきかけが出来るからです。それは南アフリカにみることができます。南アフリカでは、宗教を基軸にした非暴力運動によって、一九九四年に、人種、思想の違いを超えて、アパルトヘイトを全廃し、新しい民主的で共生的な南アフリカ共和国の出発を可能ならしめました。

「国家」の枠組みを超え、宗教間対話を通してアジアの平和構築を願う日韓の宗教者・宗教研究者たちは、数年前から韓国の「REPES Forum」の呼びかけに応えて、韓国のソウル、星州、東京、四日市市、の仏教寺院や大学等を会場にして、宗教と平和構築の関係を深める学術会議を開催してきました。これらの成果を踏まえて、今回、日本の四日市市にある真宗高田派正泉寺を会場にして、「アジア宗教平和学会」の創立学術大会が二〇二三年一一月一六日に開催されました。大会には、日本・韓国から三〇名近い参加者が集まり、朝から夕方まで現代の平和をめぐる課題に応える研究発表と熱心な討論が行われました。学術大会の成果は、二〇二〇年の創立準備大会の場合と同様に、二〇二四年に単行本として韓国で出版の予定です。

「アジア宗教平和学会」は、宗教に内在する、国家権力相対化の視点、国家の枠組みを超えた人々の対話による人間的相互理解の深化と連帯、相互関係性、赦しと和解、他者理解・共生等をアジア地域で検討し、非暴力による平和構築を実行できる豊かな理論的体系化を目指したいと考えています。現在は、日本と韓国の宗教者・宗教研究者、宗教と平和の関係について関心をもつ人々で学会を構成し、年一回の国際学術大会を日韓相互の会場で開催することになっております。今後、台湾、中国にも参加者を広げていきたいと考えています。

Q2　先生の学問履歴と平和に関心を持つようになった経緯について教えてください。

私は浄土真宗本願寺派の寺院に生まれました。大学進学については、宗門系大学ではなく、大阪外国語大学インド語学科に入学しました。大学入学の一九六三年は、第六次日韓会談再開後の二年目で、反対運動が大きく盛り上がっていました。このような時代的雰囲気の中で、明治に始まる日本の欧米型近代化は、韓半島をはじめアジア地域の植民地主義的支配と一体であったことを学びました。しかし、日本は敗戦後も植民地支配、侵略戦争には何の反省も謝罪もせず、ベトナム戦争においてアメリカに協力していることは許せませんでした。

またインドのヒンディー文学を学ぶことによって、被抑圧者の眼からみれば、欧米近代が掲げる「自由・平等」「理性・民主主義」は、欧米人のみを対象としていることがよくわかりました。植民地支配に対しては、宗教を基軸としたガンディーの非暴力・不服従運動に見られるように、欧米型近代とは異なる近代構築の道も存在することや、宗教と平和運動の不可分性を学びました。これらの事柄を哲学的に深め、平和的共生社会に少しでも貢献したいと思い、卒業後、大阪市立大学文学部哲学専攻に学士入学し、さらに大学院に進学しました。

大阪市立大学では、一九世紀ドイツの哲学者フォイエルバッハとロシアの哲学者・文芸批評家チェルヌイシェフスキーの共通項としての人間学的唯物論を深める研究をしました。私はフォイエルバッハからは、宗教の核心としての人間解放の思想と、宗教が陥りがちな自己絶対化の問題点を学び、チェルヌイシェフスキーからは一九世紀ロシア文学のもつ総合的学問の役割と、「生活の教科書」としての役割を学びました。このような人間解放をめざす文学の役割は、二〇世紀のアメリカ黒人文学やアフリカ文学に受け継がれています。

大学院終了後、故郷に帰り暁学園短期大学、後には四日市大学の英語専任教授になりました。授業では、迷うことなく現代アフリカ英語文学の作品をとり上げました。アフリカ文学は、一九世紀ロシア文学と同様に、哲学、宗教、政治学等を一体化させた百科全書的役割と、楽しみつつ社会が分かる生活の教科書的役割を果たし、しかも作家は社会的危機に直面した時には、人々に闘いを呼びかけるという役割を果たしてきました。その文学には、特に一九八〇年代以降、現実の課題をアフリカの土着的文化に込められた相互関係性の概念と結合させることによって、欧米型近代とは異なる社会改変を提起する作品が現れてきました。

南アフリカでは、文学はアパルトヘイト体制批判に人々をめざめさせる大きな役割を果たしてきましたが、特に「人は他者を通して人間となる」に要約される相互関係性を基軸とした「ウブントゥ」思想は、一九八〇年代の運動においては、すべての宗教、反体制思想の共通基盤となり、全人種平等主義を掲げる「統一民主戦線」の非暴力運動は、アパルトヘイト体制を全廃させることに成功しました。この運動の先頭に立ったのは、キリスト教徒でした。

このように、浄土真宗も含めて、宗教の核心はフォイエルバッハが指摘するような人間解放であり、インドやアフリカの闘いが示しているように、土着文化と結合したとき、本来の人間解放、平和的共生社会の実現に貢献できるという確信を得ることが出来ました。浄土真宗僧侶としての私の基本的視点は、このような学問的経歴の中で生まれたと言えましょう。

Q３　学会には主に韓日両国の研究者が参加しています。韓国の研究者と縁を結んで一緒に研究するようになった背景について教えてください。

韓国の研究者との繋がりは、二〇一二年一一月に圓光大学校宗教問題研究所主催の国際学術大会「朝鮮朝後期韓国の実学思想と民族宗教運動の公共性研究」に基調講演を依頼された時から始まります。このきっかけをつくってくださった先生が、当時、ソウル大学校統一平和研究院に在籍の李賛洙教授と圓光大学校宗教問題研究所長の朴光洙教授でした。李賛洙先生とは、以前から日本の地域文化学会でよくお会いしていました。さらに、この国際学術大会で東学研究の碩学であられる圓光大学校教授の朴孟洙先生、現在、圓光大学校東北アジア人文社会研究所教授の趙晟桓先生とも知り合いになり、東学の歴史と哲学、韓国の民衆宗教、仏教、キリスト教について多くのことを学びました。特に、韓国の宗教には民衆性と社会性が非常に強く、その根底には、東学思想の非暴力による平和的社会変革の視点が「3・1運動」（一九一九年）、今日の民主化運動にも受け継がれていることを強く感じました。

このような宗教本来の平和構築思想が受け継がれている韓国の宗教は、内面的世界に閉じこもりがちな日本の宗教の問題点を客観化するのにとても意義があることを実感いたしました。また、韓国の東学思想と一三世紀に浄土真宗を開いた親鸞聖人の思想には、人間平等と現世における人間のめざめの喚起、平和な世界実現の志向という点で大きな共通点があることを知り、深い感動をおぼえました。

韓国の研究者との学術交流はその後も今日に至るまで続いており、圓光大学校、聖公会大学校、協成大学校での宗教と平和に関する講義の機会も与えていただきました。この交流の持続は、私たちの相互対話の集積によって平和を創りあげるという共通理解が存在していたからだと思います。またこの間に、圓光大学校教授・朴孟洙先生のお力添えによって、東学農民革命の遺跡地も訪問させていただいたり、圓仏教の関係者によって「ＴＨＡＡＤ」の星州郡配備反対運動の現場へも案内いただいたり、私の論文を学術誌に掲載させていただいたりしました。

これらの多様な交流の中で宗教間対話が深まったことは大きな収穫でした。学術交流の成果は、私が編集長をしている宗教専門雑誌『リーラー「遊」』に韓国の宗教研究者の論文を掲載させていただくことによって、日本でも賛同者が現れ始めたことです。また、学術交流を通じて友人となった研究者を日本にお呼びして、地域文化学会や市民講座でもお話をしていただきました。このようにして、日韓の研究者の幅広い交流は今日も続けられております。

このような宗教的相互理解が深まる中で、李贊洙先生が数年前に「REPES Forum」の活動をご紹介くださり、共に日韓で平和構築における宗教の役割を理論的に深める学会を具体的に立ち上げようという提案をいただきました。日本にも同様の意識を持つ宗教者・宗教研究者も存在しておりますので、早速同意し、活動の具体化を推し進めるようになりました。

このような一〇年にわたる日韓の研究者の取り組みが実を結び、この度、一一月一六日に、「アジア宗教平和学会」の設立を迎えることになったのです。

Q4　平和とは何で、宗教と平和とはどのようにつながっているのでしょうか。それとともに、韓日の平和はどのように実現できるのか、ご意見をいただければ幸いです。

宗教には共通に相互関係性という概念があります。これは人体における各部分の相互関係的な繋がりを通して説明されます。イスラームでは、預言者は次のように述べています。「あなたは信者たちが、さながら一つの身体であるかのように互いに親切、愛情、同情を交わし合うさまを見るであろう。そして身体の一部が痛めば、全身が不眠と熱で反応する」。

キリスト教においても、これと同様の言葉が「一つの体、多くの部分」（「コリントの信徒への手紙—12」）に見られます。仏教の根本概念「空・縁起」は、万物の相互関係性を示すものですが、この基底には人体の各部分の相互の関係性を示す「バクティ（bhakti）」という考え方が存在しています。これらは、「敵」も自分に繋がっており、「敵」を殲滅することは、自己の死滅と一体であることを示しています。

ここから、宗教はあらゆる存在との争いのない、互いの尊敬に基づく共生、すなわち平和を第一に掲げていることが分かります。

また、このような平和を破壊する暴力行為については、傍観者であってはならないことを宗教は主張しています。ブッダはつぎのように語っています。「すべての者は暴力におびえ、すべての者は死をおそれる。己が身をひきくらべて、殺してはならぬ。殺さしめてはならぬ」（『真理の言葉（Dhammapada）』第10章）。この「殺させてはならない」という考え方は、李贊洙教授の言葉である「滅暴力」の行動へと繋がるものであるといえます。

平和とは、積極的にはすべての存在が自己存在を十分に開花させ「世界万物の幸福と関連して正義と慈悲が実現された状態」（金龍海・西江大教授）でありますが、消極的には暴力のない状態といえます。平和実現の方法も、非暴力的で自己中心主義から解放され、「弱者の苦痛を先に考え、被害者の痛みを癒すこと」（李賛洙教授）を基軸にすることが必要です。

私にとって最も身近な『仏説無量寿経』には、法蔵菩薩が衆生救済のために四八の誓願をおこし、それが成就して阿弥陀仏となったことが説かれています。その第一の誓願は、「私が仏になるとき、私の国に地獄や餓鬼や畜生のものがいるようなら、私はけっしてさとりを開きません」となっています。「地獄」とは、人々が憎しみあい、殺し合う戦争状態を意味し、「餓鬼」とは飢餓に苦しむ状態を意味します。これらの状態を引き起こすのが、「畜生」に象徴される自己中心主義であります。ここには、浄土教の根本的願いが「平和実現」であり、それを妨げるものが自己中心主義であることが示されています。

平和を維持するためには、法的整備と生活の中でそれを不断に血肉化することが必要です。そのために求められるのが、「六神通《ろくじんずう》」という能力を身につけることです。それらの能力は、①自己や他者の過去の歴史を知る事、②自己の外部にある世間全てを見通せる力、③自分もその一部を形成する世間一切の苦楽のことば、音を聞く能力、④他者の考えていることを知る能力、⑤自己の外部にある、自己の欲するところへ人々の救済のため自由に行くことが出来る能力、⑥それらを実現するためには根本的に自己中心主義から解放されること、であります。これは、仏の呼び声「自己中心主義の愚かさにめざめよ」を聞き、それを受けとめることによって可能となります。この声はもっとも虐げられた者、弱者に聞くことが出来るのです。

日韓の平和を考えるとき、日本の植民地支配のもたらした加害責任を明確にし、そのことを懺悔し、被害者の声に仏や神の呼び声を聞き、ともに平和を妨げるものを除去していくことが必要だと思います。これは南アフリカのアパルトヘイト体制を撤廃し、新たな民主的南アフリカの出発を可能ならしめた「真実和解委員会」が教示してくれています。日韓の市民が、共に宗教間対話を通して、下から平和構築の努力をすべきだと思います。

Q5 先生の「土着的近代化」の概念が韓国のマスコミに一部紹介されました。「土着的近代」とは何であり、これがどのように平和に貢献できるのでしょうか。

今日、世界を席巻しているのは、一九世紀なかばには確固たる位置を占めるようになった「欧米型近代」のグローバリゼーションです。そのイデオロギーは、「欧米型近代」に特徴的な「自我」「理性」を基軸とした「思想・文化」を唯一の「普遍的基準」とするものであり、相互関係性を拒否し、自己の外部性としての「他者」を拒否し、〝「優れた」欧米世界VS「劣った」非欧米世界〟という二項対立の形態をとっています。

この「欧米型近代」が行き着いた先が、今日世界を席巻している「新自由主義」「市場原理主義」に他なりません。その現実を表現しているのが、富裕層と貧困層に二極分化した「格差社会」の存在です。このような社会を、差異と平等が併存する平和的共生社会へと転じることが求められます。その実現のためには、「欧米型近代」とは異なる「近代」の在り方が求められます。

その方向性は、それぞれの地域に根ざしている宗教・文化・思想に内在する普遍性を今日の解決すべき課題と結合させることによって生まれる新しい概念をつくりあげ、非暴力・共生・平和の基盤に立った「近代」の構築に取り組むことにあると思われます。その取り組みを「土着的近代」化と呼ぶことが出来ます。このような取り組みの事例は、一九七〇年代の途上国世界に共時的に起きています。一九七〇年代のイランに起こった「イスラーム革命」（アリー・シャリーアティー）、ラテンアメリカの「解放の神学」（グスタボ・グティエレス）、南アフリカの「黒人意識運動」（スティーブ・ビコ）などにみられる、イスラーム、キリスト教など、それぞれの地域に根付いた土着の宗教を基軸とした社会変革運動には、相互関係性、自由平等、差異と平等の併存、尊厳、他者尊敬、共に助け合う公共性、愛（慈悲）、一即多・多即一、自然と人間の非分離性、個の尊重、非暴力・平和、修復的司法、赦しと和解、他宗教共生、などの自己中心主義を超えた人間の共生や人間・自然復興の基本的概念が共通にみられます。

これらの諸概念は、板垣雄三先生（東京大学名誉教授）によれば、七世紀に華厳仏教やイスラームを基盤にして西アジアと東アジアに生まれたものであり、そのような諸概念が社会システムやネットワークと結合していたのです。これを先生は「スーパー近代（超近代）」と名付けておられますが、私の提案する土着的近代とは、このような「スーパー近代」の今日的再現であるといえます。地下水脈として流れている「スーパー近代」思想の具体化は土着性を通じてのみ可能となるのです。日本の一三世紀の鎌倉新仏教、一九世紀六〇年代の崔済愚の東学思想とそれを継承した「ハンサリム」思想、ウブントゥ思想と結合した南アフリカの状況神学、アリー・シャリーアティーのイスラーム復興思想、反靖国運動と結合した親鸞思想などは、それぞれが土着性を持つものであると同時に、七世紀以来の普遍的諸概念の具体的な現代的現れであるともいえます。もちろん、それらは完成したものではなく、深化の途上にあります。

土着的近代は、特定地域のみに可能なものでありません。それは「欧米近代」の対抗概念ではなく、本来の「近代」を復興させることによって、「欧米型近代」をその歪みから解放するものだと私は考えております。土着的近代概念において重要な役割を果たしているのが、地域に根差した土着的宗教です。それはキリスト教、イスラーム、仏教などの歴史的に広範囲に広まり、定着している宗教ばかりでなく、シャーマニズム等も含みます。すでに述べてきましたように、すべての宗教の核心は平和構築です。この平和構築に特徴的なのは、非暴力、懺悔と和解であり、その具体例を非暴力による南アフリカのアパルトヘイト撤廃に見ることが出来ると思います。この取り組みは土着的近代の事例でもあります。

私は、アジアに、狭義には東アジアにこのような土着的近代に基づく平和な地域共同体の構築は大いに可能性があると思っています。

Q6　学会の今後の運営方案、方向、展望について、そして韓国の宗教界に望む提言があればおっしゃってください。

アジア宗教平和学会はまだ設立されたところです。内容等については、これから相互対話を通して具体化をはかりたいと思っています。現時点でいえることは、今まで積み上げてきた相互尊敬に基づく対話を通して得られた友情と信頼を大切にしていきたいことです。他者は自己とは異なった存在です。宗教的にも会員は、キリスト教徒、仏教徒など多様でありますが、宗教には容易く「国家」という枠組みを超えることができるという利点があります。

また宗教は異なっていても、平和構築を願うという点では同じです。このお互いに異なった存在こそが、自己を豊かにし、平和構築の内容を豊かにするのです。今後は、日韓という枠組みを超えて、中国や台湾、東南アジアへも参加者を拡大していきたいと考えております。現在の会員の中には、これらの地域に親しい研究者もおられますから、新しい会員の拡大は可能であると思われます。

学会運営につきましては、会長一名、副会長一名で任期は二年です。会長と副会長は、一国に集中しないように配慮し、二年後には副会長が会長になること、学会全体の運営のために国家別に支部長を置くことが総会で決定されました。その他、それぞれの地域で担当者を決めることや、学会費の金額も決まりました。

学会は一年一回、国際学術会議を開催し、二〇二四年は八月後半に韓国で開催することに決まりました。学術会議の共通テーマは「政治と宗教」などが候補にあがっておりますが、今後検討したいと思っています。

韓国の宗教界に望むことは、私たちのアジア宗教平和学会と話し合いの機会をいただき、色々ご教示いただきたいことです。また共通のテーマを設定し、シンポジウムなど開催できれば、とてもうれしく思います。

あとがき

平和実現のためには、まず歴史的認識が必要であることはいうまでもない。しかしそれだけで、自動的に「内心からの自主性を持った」平和実現を目指す行動が生まれるとは言い難い。歴史認識を行動へと繋ぐには、主体的決断が必要であろう。非宗教者のツベタン・トドロフは、自己決断の前提となる自己客体化について次のように述べている。それは、「自分から自分の身を引き離し、まるで他者の目を通してであるかのように、自分をいわば外側から見ることができるようになること」である。このような人間の自己客体化は、宗教におけるそれと共通する。自己客体化は、現在の自己を変革しようとする意識を生み出し、それによって人間は主体化される。主体的人間のすがたは、昨年一二月三日に突如、非常戒厳を宣布した尹錫悦《ユンソンニョル》大統領に対する韓国市民の、「国会に入ろうとする戒厳軍を全身で阻止した」非暴力抗議行動にみることができる。

この運動には、推しアイドルの「応援棒《ペンライト》」を手にした多くの若者が参加している。集会では、応援棒だけが目立っているのではない。「無数のはためく旗は市民団体や労組のものだけとはかぎらない。文字をみると『全国精神健康学科　皆勤患者協会』『ワンちゃん足の匂い研究会』『歩く時に携帯電話を見ない運動本部』『北太平洋海底基地編み物の会』『ＯＴＴ（動画配信サービス）何を見るか選べない人々連合会』……などユニークな発想で自己をアピールしている。一昔前の過激な行動はすっかり影を潜め、集会参加者の笑いを誘う〝オタク〟たちが主人公に躍り出た」（デイリー新潮編集部「韓国戒厳令で『オタク』が主役に、手にしているのは『K-POP』『日本アニメ』のペンライト」、二〇二四年一二月一三日）。

抗議に参加した若者には、ごく自然に、周りの人々を喜ばせる力が存在している。そこには「宗教」を感じさせないほどの、宗教が目指す自由な人間の姿が感じられる。韓国には一九世紀六〇年代に始まる崔済愚の東学運動、それを継承した一九一九年の「3・1独立運動」、一九八〇年五月一八日の「光州事件」、一九八七年六月の民主化抗争、二〇一六年秋から二〇一七年三月まで続くキャンドル革命、等には非暴力・不服従の豊かな深化がみられる。それは基底にある宗教性が次第に生活文化となって充実していく道筋である。キャンドル革命の「ろうそく」を継承した、今回の若者の「応援棒」は非暴力・不服従運動の新しい段階を象徴的に示すものであろう。

私が本書で述べたかったのは、どのような立場に立つ人にとっても、平和の実現のためには宗教から学ぶべきものが多くあり、それを社会生活の中に活かすべきであり、その過程で人間回復も前進するということである。

本書を構成している諸論文は、日韓学術交流を続けつつ、日常的に宗教活動をおこなうなかで執筆したものである。論文の初出については、末尾に記載しているので、ご参照いただきたい。出版に当たっては、尊敬する文芸批評家であり編集者でもある新船海三郎氏に大変お世話になった。新船氏の勇気づけがなかったら、出版は不可能だったであろう。心よりお礼申し上げたい。この書が平和構築の一助になることを期待したい。

二〇二五年二月四日　八一歳の誕生日に

北島 義信

【初出一覧】

第一章　東アジアから見た日本の課題

一　東アジアにおける平和構築の道　『学習の友』二〇二三年八月号（「韓国から学ぶ東アジアにおける平和構築への道」改題）

二　韓国から学ぶ近代日本の姿　『Plan B』No.16、二〇一三年三月

三　崔済愚の東学思想と現代――人間の主体化を中心に
第三回金開南将軍学術大会基調講演（於：韓国・圓光大学校）、二〇二四年一一月二一日

第二章　日本における平和構築と仏教

一　靖国問題と仏教徒の平和構築運動―仏教徒の主体化を中心に
韓国『仏教評論（Buddhist Review）』、二〇二四年夏号

二　宗教と行動決断の構造――親鸞浄土教を中心に　『フラタニティ』No.30、二〇二三年六月

三　仏教における尊厳概念　『フラタニティ』No.22、二〇二一年五月（韓国『東洋日報』、二〇二一年一月二一日掲載の論文に加筆）

四　親鸞聖人における聖徳太子像と現生正定聚論　『高田学報』百二十一輯、二〇二四年三月

五　浄土教と平和構築　『リーラー「遊」』Vol.12、二〇二二年三月

第三章 東アジアにおける平和と宗教的実践

一 韓国の群山・東国寺から非暴力平和の近代を考える
『リーラー「遊」』Vol. 10、二〇一八年四月
（韓国の月刊新聞『開闢』六七号《二〇一七年九月一五日》の「韓国思想紀行①『群山の東国寺と東アジアの平和』」を改題改稿）

二 映画「鬼郷」と平和構築における霊性のはたらき 『季論21』48号、二〇一八年秋号
（「アジア平和共同体の構築と霊性のはたらき——映画『鬼郷』とアフリカの土着思想を中心に」改題。前出『開闢』二〇一八年六月号掲載のものを改稿）

三 欧米的近代を超える平和的近代への道
——親鸞の『顕浄土真実教行証文類』「化身土文類」を中心に
『高田学報』第百六輯、二〇一八年三月三一日
（「『顕浄土真実教行証文類』「化身土文類」における親鸞の世界認識」を改題改稿）

四 水俣病運動における平和共生思想とその実践
『平和構築の原動力としての宗教』（社会評論社、二〇二四年九月）所収

五 「アジア宗教平和学会」設立に——『エキュメニアン』書面インタビュー
韓国・韓神大学校『エキュメニアン』、二〇二三年一二月一一、一八日号

北島義信（きたじま・ぎしん）

1944年三重県四日市市の浄土真宗本願寺派円勝寺に生まれる。大阪外国語大学インド語学科卒業。その後、大阪市立大学文学部哲学科に学士入学、同大学院哲学専攻修士課程修了。

四日市大学名誉教授、真宗高田派正泉寺前住職、正泉寺国際宗教文化研究所所長、三重県宗教者平和協議会会長、アジア宗教平和学会会長。

アフリカ文学／宗教社会論。

著書に『平和構築の原動力としての宗教』『宗教と社会変革』『坊主の品格』、訳書に『川をはさみて』（グギ・ワ・ジオンゴ著）、『南アフリカの指導者、宗教と平和を語る』（チャールズ・ヴィラ・ヴィッセンシオ著、監訳）など。

宗教《しゅうきょう》と非暴力《ひぼうりょく》平和構築《へいわこうちく》

2025年4月12日　第1刷発行
著者　北島義信
発行者　岡林信一
発行所　あけび書房
〒167-0054　東京都杉並区松庵3-39-13-103
Tel：03(5888)4142　fax：03(5888)4448
info@akebisyobo.com　https://akebisyobo.com
制作　編集工房「海」
印刷・製本　中央精版印刷株式会社

Printed in Japan　ISBN978-4-87154-283-8C0030